Patrick Fontaine

ERGREIFE DAS KÖNIGREICH!

DEIN HEILIGER GEIST DER VERHEISSUNG

Patrick Fontaine

ERGREIFE DAS KÖNIGREICH!

DEIN HEILIGER GEIST DER VERHEISSUNG

cube8

Die Bibelstellen sind, sofern nicht anders angegeben, aus der revidierten Elberfelder Bibel 2006 zitiert.
Ergänzungen in Klammern sowie Hervorhebungen einzelner Worte oder Passagen innerhalb von Bibelstellen sind Anmerkungen bzw. Hervorhebungen des Autors, soweit sie nicht anders gekennzeichnet sind.

Titel der französischen Originalausgabe:
S'approprier l'Esprit de la Promesse

Erschienen bei rdf-editions

Übersetzung aus dem Französischen: Julia Schittkowski
Lektorat: Gabriele Pässler
Redaktion und Satz: cube8

Bücklestr. 13 | 78467 Konstanz | www.cube-8.eu

1. Auflage 2010, cube8, Konstanz
ISBN 978-3-941123-17-5

Druck: Schönbachdruck, Erzhausen
Cover: k-effect, Konstanz

Vorbemerkung:
Dieses Buch bricht aus. Gottes Königreich lässt sich nicht mit dem Verstand begreifen. Der bloße Buchstabe wird keinen Abdruck in deinem Innern hinterlassen. Aber der Heilige Geist will dir jede einzelne Wahrheit lebendig machen. Ergreife ihn – deinen Heiligen Geist der Verheißung – mit jeder neuen Zeile, die du liest.
Vielleicht wirst du dich an manchen Stellen über den Inhalt wundern. Womöglich fehlen dir bestimmte Teilaspekte. Es könnte sogar sein, dass du über die Aufmachung der einzelnen Seiten stolperst und etwa das Layout unlogisch findest oder, oder, oder! Ist dies der Fall, dann unterstützen Design und Inhalt dieses Buches nur den Prozess, den der Heilige Geist in dir in Gang bringen will:
... damit sie den Herrn suchen sollten, ob sie ihn wohl umhertastend wahrnehmen und finden möchten; und doch ist er ja jedem einzelnen von uns nicht ferne; denn „in ihm leben, weben und sind wir" ...
Apostelgeschichte 17,27-28

cube8

FÜR EINE NEUE REFORMATION

Unser Herz brennt für Veränderung in Europa. Wir sehnen uns danach, dass Gott seine Kraft und Herrlichkeit zeigen kann. Unser Geist will verbunden sein mit den Dingen des Himmels und wir sind davon überzeugt, dass Gott seine Pläne denen offenbaren will, die ihn darum bitten und danach suchen.

Deshalb glauben wir, dass es eine Plattform braucht – damit das, was der Heilige Geist momentan zu sagen hat, im Land gehört werden kann. Eine solche Plattform will cube8 sein.

Unser Land braucht eine echte Reformation – nicht nur das Prinzip der kleinen Schritte und der ruhigen Hand, sondern einen richtigen Ruck. Es ist Zeit für Regeneration und Transformation. Unser Gott ist nicht so sehr an Kirchen interessiert als vielmehr an den Menschen, die auf dem Globus leben. Er hat innovative Lösungen für die Probleme der Menschheit; und die will er unters Volk bringen durch uns Christen, die wir an ihn glauben.

Dazu müssen wir auf wesentlichen Gebieten umdenken und uns erst einmal sein Denken aneignen. Denn Gott will, dass wir die Dinge kennen, die er in seiner Weisheit vorbereitet hat. Deshalb wollen wir das Reden des Heiligen Geistes für diese Generation aufnehmen, anstatt nur alte Ideen neu aufzulegen.

Der Geist der Prophetie legt Zeugnis ab von Jesus Christus (Offenbarung 19,10). Deshalb braucht es neue Botschaften. Prophetische Botschaften. Göttliche Ideen. Das alles wollen wir aufgreifen, verbreiten und ins Land hinaussenden. Mit allen Mitteln und mit unserer ganzen Kraft – damit Gottes Stimme eine Plattform bekommt. Denn er ist der König der Könige. Seine Herrschaft hat kein Ende.

Der Geist Gottes, dein Heiliger Geist der Verheißung, ist frisch, voller Leben und dynamisch. Er kommt immer mit Neuem und ist trotzdem derselbe. Ein Leben mit ihm ist unkonventionell – genauso wie dieses Buch und sein Layout.
Wir laden dich ein, ein Teil dessen zu werden, was Gott jetzt tut. Es braucht dafür dein offenes Herz, damit Gott auch in dich Neues hineinlegen kann. Rechne damit, dass dir der Heilige Geist beim Lesen dieses Buches völlig neue Einsichten, einen ganz neuen Kurs aufzeigt. Er tut einfach Neues, wenn wir offen dafür sind! – Merkst du es schon?

Bitte schreib uns deine Erlebnisse mit diesem Buch. Wenn du selbst neuartige Dinge erlebst oder Gott zu dir redet, lass es uns wissen. Wir sind echt gespannt darauf zu hören, was Gott im ganzen Land tut (feedback@cube-8.eu).
Werde Teil einer neuen Reformation!

DEIN CUBE8-TEAM

INHALTSVERZEICHNIS

EINLEITUNG

NOCH EIN BUCH ÜBER DEN HEILIGEN GEIST!

„Ich glaube an den Heiligen Geist." Woche für Woche sagen das Hunderttausende von Menschen. Diese Aussage gehört zum traditionellen „Apostolischen Glaubensbekenntnis" und ist in vielen Kirchen fester Bestandteil der Gottesdienstliturgie. Sie ist Ausdruck des Glaubens an die dritte Person der Dreieinigkeit.

Aber diese Bekundung eines mentalen Fürwahrhaltens der *Existenz* des Heiligen Geistes reicht nicht wirklich. Auch der Teufel und seine Dämonen glauben das – und sie zittern dabei (Jakobus 2,19)! Viele stimmen der Lehrmeinung zu, dass es einen Heiligen Geist gibt, aber sie haben ihn weder erlebt noch kennengelernt.

Auch in charismatischen und in Pfingstgemeinden gibt es leider viele Christen, die zwar schon eine Menge gehört haben über den Heiligen Geist und dem auch zustimmen, ihn aber nicht wirklich kennen und folglich auch nicht mit ihm leben.

Mitunter wird in Lehre und Leben der Heilige Geist einfach auf zwei Erfahrungen reduziert: Einerseits die Taufe im Heiligen Geist und andererseits die Ausübung von neun Geistesgaben (falls diese in der Gemeinde überhaupt ausgeübt werden und falls dort geglaubt wird, es gäbe genau neun davon).

Steht nicht geschrieben, dass der Geist Gottes auf alles Fleisch ausgegossen werden würde? Warum merkt man es den Kindern Gottes dann so selten an, dass der Heilige Geist auf sie ausgegossen wurde? Wie viele Gläubige behaupten zwar, im Heiligen Geist getauft zu sein, aber sie haben keinen wirklichen Einfluss auf die Welt, in der sie leben? Die ersten Apostel mischten die ganze Welt auf (sie erregten den Erdkreis, Apostelgeschichte 17,6), nachdem sie im Heiligen Geist getauft worden waren! Handelt es sich in unseren Tagen immer noch um denselben Heiligen Geist und um dieselbe Taufe wie damals?

Jesus hat uns gesagt, der Heilige Geist bleibe allezeit bei uns. Wie äußert sich das bei uns? Weithin nehmen wir die Gegenwart des Heiligen Geistes (wenn überhaupt) nur für ein paar Stunden in der Woche wahr, wenn wir uns zum Gottesdienst oder in unseren Häusern treffen. Wo ist er in der übrigen Zeit?
Manchmal scheint mir, bei traditionellen, nicht-charismatischen Christen sei mehr Frucht des Geistes zu finden als bei denen, die von Geistesgaben reden und diese bewusst ausüben. Warum?
Andere wiederum sagen, sie seien erfüllt vom Heiligen Geist; unter dem Vorwand angeblicher Inspiration machen sie alle möglichen und unmöglichen Dummheiten und liefern damit reichlich Grund, von der „charismatischen Dimension“ abzuraten. Paulus sprach von einigen, die die Gläubigen verwirrten (Galater 1,7). Die Frage ist erlaubt: Ist es wirklich der Heilige Geist Gottes, der diese Leute zu Torheiten und Sünde verleitet?

Vielleicht verunsichern oder verwirren dich all diese Fragen. Mir ging es auch so. In Nazareth konnte Jesus keine Wunder tun, sondern er machte nur ein paar Menschen gesund – wegen ihres Unglaubens. Warum das? Die Menschen dort meinten, Jesus schon lange zu kennen. Deshalb hatten sie Mühe, ihn nun in seinem neuen Lebensabschnitt, in seinem öffentlichen Wirken anzunehmen. Vielleicht haben wir schon das Wirken des Heiligen Geistes erlebt, vielleicht haben wir schon viel über ihn gehört oder gelesen – deshalb haben wir das Gefühl, den Heiligen Geist zu *kennen;* aber in Wirklichkeit *wissen* wir nur eine Menge *über ihn*. Dann denken wir womöglich: Das Thema kenne ich schon. Wir ziehen Schlussfolgerungen und geben uns weiterhin zufrieden mit dem, was wir erleben.

Dieses Buch wurde aus einer Offenbarung heraus geboren. Diese Offenbarung habe ich in den letzten zehn Jahren immer wieder gepredigt. Jedes Mal brachte das Wort greifbare und bleibende Frucht im Leben der Zuhörer. Aber Predigten sind so kurz und können immer nur einen kleinen Teil der Wahrheit vermitteln. Obendrein wuchs diese Offenbarung beständig. Ich bin sehr dankbar dafür; mir hat sie sehr weitergeholfen. Deshalb möchte ich sie auch anderen zugänglich machen nach dem Prinzip: „Was ich habe, das gebe ich dir" (Apostelgeschichte 3,6). So entstand dieses Buch.

Dieses Buch will viel mehr, als nur Bibelkenntnis über den Heiligen Geist zu vermitteln. Das ist gut, aber keinesfalls genug! Jede Seite ist eine Einladung an dich, den Heiligen Geist persönlich kennenzulernen und zu erleben.

WARUM DIESER TITEL?

Es stimmt, dass der Titel falsch gedeutet werden kann. „Ergreife das Königreich! Dein Heiliger Geist der Verheißung" meine ich in dem Sinn, dass du den Heiligen Geist in dein Leben einladen und aufnehmen kannst, so dass er in dir lebt und regiert und durch dich handelt. Denn das Königreich ist zum Greifen nah. Ich meine damit nicht, dass der Heilige Geist dein Eigentum werden würde und du ihn benutzen könntest wie ein Gerät. Solch ein Gedanke liegt mir fern! Ich will mit dem Titel auch nicht sagen, dass er für manche da sei und für andere eben nicht. Nein, Gottes Verheißungen gelten allen seinen Kindern!

Zu oft kennen wir zwar die Verheißungen der Bibel, aber wir ergreifen sie nicht für uns selbst. Unsere Beziehung zum Heiligen Geist darf kein theoretisches Wissen bleiben, sie muss zur praktischen Erfahrung werden.

VON EINEM, DER AUSZOG, UM MEHR ZU FINDEN

Anfang November 1983 lernte ich Jesus kennen und wurde von Neuem geboren. Ein anderes Leben tat sich mir auf und damit eine ganze Bandbreite an ungeahnten Perspektiven. Jesus hatte mich aus meiner Finsternis herausgeführt. Ich wusste, woher ich kam, und dorthin wollte ich auf keinen Fall zurück! Ich war glücklich und begeistert von der Aussicht, ein neues Leben beginnen zu können. Doch sehr schnell wurde daraus Frustration: Das, wonach ich mich sehnte, erlebte ich nicht wirklich. Warum nicht? Ich dachte, ich müsse eben mehr beten, mehr in meiner Bibel lesen, heiliger werden.

Ende Juli 1984 hatte ich deshalb ein Gespräch mit einem Pastor. Ich spürte, dass mein geistliches Leben irgendwie begrenzt war; ich kam nicht über eine bestimmte Grenze hinaus. Dieser Pastor fragte mich, ob mir jemals jemand Unrecht getan hätte – nun, da gab es schon eine Liste! Er leitete mich an, diesen Menschen zu vergeben, und der Heilige Geist rief mir noch einige Namen in Erinnerung. Während ich ihnen vergab, erfüllte mich die Gegenwart des Heiligen Geistes und ich begann, in einer neuen, mir unbekannten Sprache zu reden. Ich wusste nicht, was mir da geschah; heute kann ich es benennen. Es ist eine Gabe des Heiligen Geistes, und ich übe sie gerne aus. – Ich ließ die Augen geschlossen und machte einfach weiter. Der Pastor ließ mich gewähren und freute sich riesig darüber. Als ich meine Augen wieder öffnete, war eine Dreiviertelstunde vergangen – kaum zu glauben, aber wahr. Ich fühlte mich leichter, befreit ... nun endlich konnte mein neues Leben sich frei entfalten und richtig in Gang kommen.

Durch dieses Erlebnis öffnete ich mich für die „charismatische Dimension". Es war eine wirkliche Verbesserung meines Lebens als Christ! Aber schon bald war ich wieder unzufrieden: Ich konnte nicht ausleben, was in meinem Herzen brannte. Ich las, dass das Reden in Sprachen, eine der Gaben des Heiligen Geistes, unseren inneren Menschen auferbaut. Also praktizierte ich es viel, um einen Durchbruch zu erzielen. Stundenlang. Viele Stunden lang. Die Ausübung geistlicher Gaben verbesserte zwar meine „charismatische Dimension", aber letztlich befriedigte es mich auch nicht wirklich. Die Jahre vergingen. Immer wieder hatte ich eine Krise. Dann nahm ich mir viel Zeit, um zu fasten und zu beten und um die Taufe im Heiligen Geist einzufordern. Jeder um mich herum versuchte, mich wieder zur Vernunft zu bringen: „Du bist doch schon im Heiligen Geist getauft, schließlich sprichst du doch in Sprachen, du praktizierst die Gaben, du bringst Menschen zum Herrn, und durch dich geschehen wunderbare Heilungen!"

Aber für mich waren diese Worte kein Trost – sie verstärkten mein Unbehagen nur noch. Ich antwortete: „Wenn ich im Geist getauft bin, dann war das nur eine Besprengung und keine Taufe, bei der man vollständig eingetaucht wird. Ich habe nicht die Taufe im Heiligen Geist empfangen, wie sie in meiner Bibel beschrieben wird. Es fehlt mir etwas; ich will mich nicht mit meinem momentanen Leben abfinden. Ich bin dem Herrn dankbar für das, was ich empfangen habe, aber tief in mir spüre ich: Ich brauche noch viel, viel mehr!

Ich weiß ganz sicher, dass es noch mehr gibt; in mir ist ein quälender Durst nach mehr!"

Diese Unzufriedenheit ließ mich immer weiter suchen; sie war mein Motor, der mich immer weiter vorwärts trieb. Doch die Frustration blieb. Ich lebte nicht so, wie ich es doch so gerne wollte und in der Bibel lesen konnte!

Und dann waren noch die Prophetien. Oft beziehen sich diese Aussagen auf die Zukunft. So sprachen mir Menschen große Dinge zu, die Gott für mich geplant habe: „Gott hat dich für den Dienst berufen. Türen in Frankreich und im Ausland werden sich öffnen, überall werden Kranke geheilt werden, sogar Tote werden auferstehen!" Dadurch wuchs in mir ein Empfinden, dass ich eine Berufung habe; doch dies verstärkte mein Gefühl noch mehr, nicht genug zu haben.

Man erzählte mir von großen Taten, die ich für den Herrn vollbringen würde. Zunächst ermutigte mich das, es gefiel mir. Aber dann verging die Zeit und es geschah nichts. Immer wieder. Es war wie ein Kreislauf. Irgendwann hatte ich keine Lust mehr auf solche prophetischen Worte. Ich sagte mir:
„Wenn Gott wirklich zu mir redet, dann ist es ja okay. Aber ich will nicht mehr ständig dieselben Verheißungen hören und nichts davon erleben. Das ist doch nur Salz auf meine Wunden. Wenn das wirklich Gottes Reden ist, dann will ich auch wissen, was bei mir nicht stimmt. Was blockiert mich? Fehlt mir noch etwas? Was hindert mich denn noch, zu diesem Leben zu gelangen?"

Die Jahre vergingen, und ich lernte eines: Was Gott verspricht, das hält er ganz sicher. Das ist das Fundament dieses Buches.

Nicht ein Mensch ist Gott, dass er lüge, noch der Sohn eines Menschen, dass er bereue. Sollte er gesprochen haben und es nicht tun und geredet haben und es nicht halten?

4. MOSE 23,19

Der Heilige Geist ist bei Weitem die größte Gabe, die uns gegeben wurde. Wenn wir entdecken, wie kostbar es ist, einfach bei ihm zu sein und mit ihm Gemeinschaft zu haben, wird unsere Beziehung zu Gott verändert. Wir kommen ihm näher und erfahren eine Vertrautheit, die wir bis dahin nicht für möglich gehalten haben. Aus dieser lebendigen Beziehung wird ein kraftvoller Dienst geboren, der bislang nur ein Traum war. Das Unvorstellbare wird möglich – *weil Gott mit uns ist.*

Ich bin mit euch!

HAGGAI 1,13

2.

DIE OFFENBARUNG

Der Heilige Geist – Geist der Verheißung? Selten wird er im kirchlichen Alltag so bezeichnet. In der Bibel kommt dieser Aspekt mehrmals vor – der Heilige Geist als Erfüllung einer Verheißung Gottes:

... *und empfangen hat den verheißenen Heiligen Geist vom Vater, hat er diesen ausgegossen ...*

APOSTELGESCHICHTE 2,33 (LUTHER)

... *damit wir den verheißenen Geist empfingen durch den Glauben.*

GALATER 3,14 (LUTHER)

Ihr seid versiegelt worden mit dem Heiligen Geist der Verheißung.

EPHESER 1,13

GEISTESBLITZ

Am 4. März 1995 war ich bei den Kindern zu Hause. Meine Frau war in der Versammlung. Ich saß alleine im Wohnzimmer und las in meiner Bibel. Wie schon so oft las ich auch an diesem Abend den Brief des Paulus an die Galater. Das dritte Kapitel sprach mich besonders an. Hier fragt Paulus die Galater:

Das allein will ich von euch erfahren: Habt ihr den Geist durch Werke des Gesetzes empfangen oder durch die Verkündigung vom Glauben?

GALATER 3,2 (SCHLACHTER)

Also empfängt man den Geist nicht, in dem man mehr Werke tut, sondern indem man *zuhört* und die Ohren des Glaubens aufmacht! Weiter las ich, dass Gott uns den Geist *darreicht*, und Paulus ermutigt uns, den Glauben Abrahams zu haben.

Der euch nun den Geist darreicht und Kräfte in euch wirken lässt, tut er es durch Werke des Gesetzes oder durch die Verkündigung vom Glauben? Gleichwie Abraham Gott geglaubt hat und es ihm zur Gerechtigkeit angerechnet wurde ...

GALATER 3,5-6 (SCHLACHTER)

Ich las weiter. Plötzlich wurde ein Vers richtig lebendig in mir, und die Augen meines Herzens wurden erleuchtet. Ich begriff, dass ich *den ganzen verheißenen Geist bereits empfangen hatte*!

Christus hat uns losgekauft von dem Fluch des Gesetzes, indem er ein Fluch wurde um unsertwillen, ... damit wir durch den Glauben den Geist empfingen, der verheißen worden war.

GALATER 3,13-14 (SCHLACHTER)

Diese Offenbarung veränderte mich total. Sogar meine Frau fragte mich, als sie nach Hause kam: „Was ist mit dir passiert? Du bist so anders!“

Ich bin dankbar für alles, was die Pfingstler wiederentdeckt haben und was sie lehren über den Heiligen Geist. Auch die Evangelikalen und alle möglichen „-ler“ oder „-isten“ haben ja ihre Lehren über den Heiligen Geist. Aber was ich an dem Abend empfing, lässt sich nicht beschreiben mit all den etablierten Theologien und es steht auch nicht in Büchern. Ich habe einfach *alles* empfangen, was Gott bezüglich des Heiligen Geistes verheißen hat.

Warum kann ich behaupten, *alles* empfangen zu haben? Ist das nicht eine anmaßende Behauptung? Nun, nach Johannes 3,34 gibt uns der Vater den Geist nicht nach Maß. Jesus hat seine Werke durch den Heiligen Geist getan. Jesus hat gesagt, ich könne dieselben Werke tun, die er getan hat, und sogar noch größere (Johannes 14,12). Wie kann das sein, wenn ich nicht denselben Geist habe wie Jesus?

Im Galaterbrief wird uns gesagt, wie wir diese Verheißung erlangen: Weder durch Fasten noch durch Gebet, auch nicht durch Flehen können wir das erzwingen. Auch nicht durch Heiligung oder irgendwelche Verdienste. Ich empfange durch den Glauben! *Weil wir Erben der Verheißungen sind, die Abraham gemacht wurden, lasst uns den Glauben Abrahams suchen!*

In dieser Passage in Galater 3 steht das Wort „empfangen“ – im griechischen Original heißt es *lambano*. Es bedeutet hauptsächlich *etwas in die Hand nehmen, ergreifen (eine Person oder eine Sache, um sie fortzubringen oder zu transportieren), sich aneignen*. Das zeichnet ein wirklich krasses Bild davon, was *im Glauben empfangen* bedeutet*: Es handelt sich nicht um ein passives Warten, sondern vielmehr darum, dass wir durch den Glauben das ergreifen, was uns verheißen wurde!*

Epheser 2,8 sagt uns: „Denn aus Gnade ... durch Glauben ... Gottes Gabe ist es.“ Gnade – das ist die Hand Gottes, die uns gibt; der

Glaube ist unsere Hand, die es ergreift.
Allein die Gnade ist zuständig für das Lager, in dem die Gaben Gottes für uns bereitliegen. Aber wenn wir sie nicht *ergreifen*, bleibt die Gabe Gottes im Lager. Doch was hülfe uns aller Glaube, wenn nichts da wäre, das man ergreifen könnte?

Der Glaube ergreift das Verheißene und macht es sich zu eigen. Der Glaube ergreift es, um es von der geistlichen Dimension in die physische Dimension zu überführen – durch Glauben können wir die Verheißungen Gottes in unserem Leben zur Geltung bringen.

Dieses griechische Wort *lambano* spielt auch bei der Eheschließung eine Rolle. Durch Glauben *bitte ich um die Hand* einer Verheißung Gottes. Und Paulus versichert uns, dass sie uns gewährt wird:

Denn so viele Verheißungen Gottes es gibt, in ihm (also in Jesus Christus) ist das Ja, deshalb auch durch ihn das Amen.

2. KORINTHER 1,20

Durch den Glauben *heirate* ich also die Verheißung, sie wird mein, und ich gebe ihr meinen Namen! Wenn wir unseren Namen in unserer Bibel sehen wollen, weil wir die Verheißungen Gottes ergriffen und geheiratet haben, dann müssen wir ihre Aussagen – richtig, *lambano*. Die Hand Gottes reicht uns jedes einzelne seiner Worte, und es liegt an uns, unsere Hand auszustrecken und die Verheißung zu ergreifen.

Gemäß Galater 3,14 ergreifen wir also den verheißenen Geist durch den Glauben. Man könnte sogar sagen, dass wir jede Verheißung bezüglich des Geistes Gottes im Glauben ergreifen. Der Glaube beginnt mit dem Hören des Wortes Gottes. Lasst uns also aufmerksam zuhören, was das Wort über den verheißenen Geist sagt, damit wir uns jede Verheißung auch aneignen können.

Der Gerechte wird durch den Glauben leben.

HABAKUK 2,4; RÖMER 1,17; GALATER 3,11; HEBRÄER 10,38

Was man erlebt und auslebt, hängt mit dem Glauben zusammen!

Mein Volk kommt um aus Mangel an Erkenntnis.

HOSEA 4,6

Buchstäblich steht hier: „Mein Volk ist abgeschnitten von Erkenntnis." Man kann nämlich nicht Glauben an etwas haben, das man gar nicht kennt! Das eine geht nicht ohne das andere.

WIDERSPRÜCHLICH?

Der Heilige Geist ist nicht unserer Logik unterworfen. Wenn wir die Verheißungen des Geistes aufmerksam studieren, finden wir scheinbar widersprüchliche Aussagen wie

- die Quellen von oben *und* die Quellen von unten
- eine Quelle ,die in uns hervorsprudelt *und* Ströme, die von uns ausgehen
- die Taufe im Heiligen Geist *und* die Taufe im Feuer

Die Liste könnte fortgesetzt werden. Widerspruch – oder Ergänzung?

Wenn wir den Heiligen Geist empfangen, hat das immer Auswirkung in zwei Richtungen. Zweierlei geschieht in uns. Er zeitigt zwei Resultate – er ist *in uns* wirksam und auch nach außen hin. Durch den Glauben empfangen wir den verheißenen Geist Gottes in beiden

Erscheinungsformen: Liebe und Heiligung *in uns* – und Liebe und Kraft *nach außen*.

Aber Vorsicht vor Einseitigkeit! „Liebe und Heiligung ohne Kraft" oder andersherum – beides ist nicht Gottes vollkommener Wille! Manche Christen sind sehr stark, wenn es um Heiligung geht, aber sie haben nur wenig Kraft. Das schwächt ihr Zeugnis ab und ihre Evangelisation wird weniger Frucht bringen, als es möglich wäre, wenn sie mehr sichtbare Zeichen der Gegenwart Gottes erweisen würden.

Und dann gibt es noch die „Korinther-Christen", denen es zwar an keiner Gabe mangelt – doch wie die Korinther haben sie Probleme mit Sünde und Heiligung! Dies beschmutzt ihr Zeugnis und vermindert ihre Glaubwürdigkeit, denn es mangelt ihnen an Integrität und Reife.

Was stimmt nicht in unseren Gemeinden? Der Glaube kommt vom verkündeten Wort. Wir empfangen also im Allgemeinen die Manifestation des Geistes Gottes, die in der Gemeinde gepredigt wird. Deshalb sollten wir auch im Geistlichen auf ausgewogene und angemessene Ernährung achten. Paulus schrieb den verschiedenen Gemeinden recht unterschiedliche Briefe mit ganz verschiedenen Schwerpunkten. Sie erlebten ja ganz unterschiedliche Situationen und benötigten deshalb auch unterschiedliches Licht.

MIT ALLEN EXTRAS

Vor Jahren erwarb ich ein richtig gutes Auto mit vielen Extras. Nur eines hatte ich daran auszusetzen: Den Kofferraum konnte man nur mit dem Zündschlüssel öffnen! Meine umweltbewussten deutschsprachigen Leser mögen es mir verzeihen, aber es war mir wirklich lästig: Wie oft musste ich den Motor ausschalten, um den Kofferraum dieses Fahrzeuges zu öffnen! Eines Tages musste ich eine Sicherung austauschen und bemerkte dabei unter dem Armaturenbrett einen Knopf. Neugierig drückte ich darauf und – Überraschung! – der Kofferraum öffnete sich! Das war also das letzte fehlende Extra: Man konnte den Kofferraum vom Fahrersitz aus öffnen! Wochenlang hatte ich gemeckert und mich beklagt, obwohl ich von Anfang an diese Möglichkeit gehabt hatte – aber ich konnte sie nicht nutzen, einfach weil ich sie nicht kannte. Hätte ich doch nur die Bedienungsanleitung gelesen!

Mit dem Heiligen Geist ist es genauso. Es gibt einen einzigen Heiligen Geist, an dem wir alle teilhaben; er ist für uns alle derselbe: Luxus-Ausführung, in Spitzenqualität, mit allen Extras. Aber wenn wir die vorhandenen Möglichkeiten nicht kennen, können wir sie auch nicht nutzen. Wir lassen uns diese Segnungen entgehen – aus Mangel an Erkenntnis.

Es ist Zeit, dass wir uns einmal das Handbuch anschauen, das uns die Optionen zeigt: die Bibel. Hier folgt lediglich eine kurze Zusammenfassung von dem, was man dort findet. Wenn du es genauer wissen willst, lies im Handbuch nach! So habe ich es auch gemacht.

Ich las jede einzelne dieser Verheißungen über den Heiligen Geist; ich wiederholte sie mit lauter Stimme und bestätigte damit, dass ich sie auch erlangen wollte. Ich dankte Gott dafür, und ich sah mich mit diesen Verheißungen; das heißt: Ich begann, so zu handeln, als ob ich diese Verheißungen schon empfangen hätte. So wuchs ich immer mehr in das Erleben dieser Verheißungen hinein. Und es ist wahr: Ich bekam alles; nichts war ausgenommen. Ich erlebte jede Facette dieser Verheißungen Gottes. Das heißt jetzt nicht, dass ich sie alle schon erschöpfend erlebt hätte; ich weiß, dass da noch große Steigerungen drin sind und freue mich ob dieser großartigen Aussichten.

Ein weiteres Beispiel: Ein Mann kam von den Inseln zurück und brachte eine wertvolle Perlenkette mit. Als sein bester Freund ihn zu seiner Hochzeit einlud, beschloss er, diese wunderbare Perlenkette dem Brautpaar zu schenken. Da er keine passende Verpackung finden konnte, legte er sie eben in eine ausgediente Verkaufsverpackung für Kristallgläser und verpackte das Ganze als Geschenk. Dieses wertvolle Paket legte er dann zu all den anderen Geschenken auf den Gabentisch.

Zwei Wochen später kam Post von dem jungen Ehepaar: Die beiden dankten für die schönen Kristallgläser ... Sie hatten das Geschenkpapier entfernt und den Karton gesehen, diesen aber nicht geöffnet!

Wir danken Gott für die Gabe des Heiligen Geistes – aber haben wir das Paket wirklich geöffnet?

All die Verheißungen, die ich schon im Glauben beansprucht hatte, waren in meinem Leben Wirklichkeit geworden. Diese Entdeckung forderte mich heraus: Vielleicht gab es da noch mehr Verheißungen zum Heiligen Geist als die, die ich schon kannte? Das musste ich herausfinden! Also schlug ich meine Bibel ganz vorne auf und begann, systematisch nach den Verheißungen zu suchen – vom 1. Buch Mose an bis hin zum Buch der Offenbarung. Um ehrlich zu sein: Ich konnte nicht alles verstehen, was ich da las, und ich habe beim ersten Mal auch nicht alle Verheißungen entdeckt. Nur einen guten Teil davon. Früher kannte ich genau 52 Verheißungen rund um den Heiligen Geist; dann waren es 76, dann 93, und inzwischen bin ich bei gut 140 Verheißungen angekommen. Und ich bin noch nicht einmal sicher, ob die Liste vollständig ist. Macht nichts, ich hatte genug zu tun mit all dem, was ich bereits entdeckt hatte: Jede einzelne dieser Verheißungen in diesem Buch eignete ich mir an. Und damit ist mein Abenteuer noch lange nicht abgeschlossen. Ich kann und ich will noch viel weiter gehen und noch mehr dieser Verheißungen entdecken und erforschen.

3.

DIE BEDIENUNGS-ANLEITUNG

Nein, dies ist nicht nur ein weiteres Buch über den Heiligen Geist. Es gibt eine extra Bedienungsanleitung dazu! Nun höre ich dich schon fragen: „Eine Bedienungsanleitung für ein Buch? Was soll denn das?? Ein Buch liest man und fertig!"

Nun, wenn wir es nur lesen, dann nehmen unsere Bibelkenntnis und unser intellektuelles Wissen zu, aber in unserem Leben verändert sich nur wenig oder auch gar nichts. Dieses Buch ist also kein Lesebuch, sondern eher ein Katalog. Es beschreibt die verschiedenen Optionen, die wir mit dem Heiligen Geist empfangen haben. Und für jeden einzelnen Aspekt, der darin vorgestellt wird, müssen wir dieses geistliche Gesetz Jesu anwenden:

Wer euch aufnimmt, nimmt mich auf, und wer mich aufnimmt, nimmt den auf, der mich gesandt hat. Wer einen Propheten aufnimmt in eines Propheten Namen, wird eines Propheten Lohn empfangen; und wer einen Gerechten aufnimmt in eines Gerechten Namen, wird eines Gerechten Lohn empfangen.

MATTHÄUS 10,40-41

Was bedeutet diese Behauptung? Schließlich kommt sie ja von Gott?

„Wer einen Propheten aufnimmt in eines Propheten Namen, wird eines Propheten Lohn empfangen." Unweigerlich denkt man da an die beiden Frauen in den Büchern der Könige. Sie nahmen die Propheten Elia (1. Könige 17,8-24) und Elisa (2. Könige 4,8-37; 8,1-6) als Propheten auf und wurden belohnt. Jahrelang dachte ich: Diese Frauen hatten eben Glück; aber welchen Apostel oder Propheten könnte ich schon aufnehmen? Bisher konnte ich jedenfalls noch keinen Apostel dazu bewegen, bei mir einzuziehen. Doch eines Tages öffnete der Herr mir die Augen, und ich entdeckte ein wichtiges geistliches Prinzip:

Wie wir jemanden aufnehmen, das entscheidet über unseren Lohn.

Unser Lohn und unser Erleben haben sehr viel damit zu tun, *wen* wir ehren und *in wessen Namen* wir diese Person aufnehmen! *Um einen Propheten als Propheten aufzunehmen, muss man zunächst einmal wissen, dass er überhaupt ein Prophet ist!*

Wie kann man wissen, dass jemand ein Prophet ist?
Entweder stellt er sich uns als ein solcher vor, oder wir schließen es aus dem, was wir über ihn wissen oder herausfinden, oder aber wir haben eine Offenbarung über seinen Dienst.

Schauen wir uns diese Aussage Jesu aus Matthäus 10 noch einmal genauer an:

Aufnehmen bedeutet *empfangen, zu sich nehmen*.
Jemanden „im Namen eines Propheten (oder Apostels oder ...) aufnehmen“, das heißt: Wir ehren diese Person, indem wir uns gut auf ihr Kommen vorbereiten. Wir ehren sie, wir glauben, dass Gott sie ausgerüstet, befähigt und gesandt hat, und wir haben die gebührende Erwartung.

„Den Lohn eines Propheten empfangen": also nicht irgendeine Belohnung, sondern „den Lohn eines Propheten".

Es handelt sich also nicht um irgendeine Belohnung oder Entschädigung, sondern *es ist ein präziser Lohn – je nachdem, wen man aufnimmt.*

Wir können uns also fragen: „Als was oder wen habe ich den Heiligen Geist aufgenommen? Und als was oder wen habe ich ihn noch *nicht* aufgenommen?"

Das kann erklären, warum es uns in manchen Bereichen unserer Beziehung zum Geist Gottes an Erfahrungen mangelt. Genauso können wir uns natürlich auch fragen zu unserer Haltung zu Jesus, dem Wort Gottes usw. Unsere Antworten geben uns Aufschluss über den Lohn, den wir erwarten können!

Wir selbst also legen unseren Lohn fest, je nachdem, wie wir die Gesandten Gottes aufnehmen. Also liegt es an uns, welche Erfahrungen wir machen oder eben auch nicht. Können wir dann einfach sagen: „Ich habe den Heiligen Geist empfangen", und dabei stehenbleiben?

Nehmen wir mal ein Beispiel: Wenn man Jesus aufnimmt, dann nimmt man ihn nicht unbedingt umfassend auf mit allem, was er ist. So kann es durchaus sein, dass ich Jesus als meinen Retter aufnehme, aber ihn nicht als den kenne, der mich auch heilen kann! Trotzdem ist er derselbe Jesus! Und genauso kann es auch gehen, wenn wir den Heiligen Geist empfangen. Oft bleiben uns die Segnungen fern, nur weil wir in Unkenntnis und falschen Auffassungen leben.

Dieser Grundsatz des Aufnehmens gilt für jeden von uns persönlich; aber er gilt auch für die Gemeinde vor Ort, also für die Gruppe, in der wir Gläubigen zusammenkommen. Es ist also sehr wichtig, was in einer Gemeinde gepredigt und gelehrt wird. Wenn in einer Gemeinde immer wieder über den Heilungsdienst Jesu gepredigt wird, wenn Jesus immer wieder vorgestellt wird als der, der heilt – dann entsteht in den Zuhörern aus dem Hören der Glaube und sie können Jesus als den Heiler aufnehmen. Und wenn sie ihn als solchen aufnehmen, werden sie seinen Lohn empfangen. Der Lohn eines Jesus, der heilt, ist – ja, richtig – Heilung!

Das erklärt, warum in manchen Gemeinden viele Menschen geheilt und in anderen Gemeinden viele befreit werden aus der Gewalt zerstörerischer Mächte; andere Versammlungen wiederum schauen viel mehr auf die Wiederkunft des Herrn, oder sie haben eine Sicht für den Leib Christi. Es gibt hier noch viele Möglichkeiten. Es kommt immer darauf an, als wer Jesus vorgestellt oder dargestellt und wie er aufgenommen wird. Leider lassen wir uns durch diese Unterschiede oft zu Vergleichen verleiten. Wir beurteilen die anderen, die einen anderen Schwerpunkt setzen, und begegnen ihnen mit Verständnislosigkeit. Wir beharren auf unserer einseitigen Sicht; wir bestehen darauf, erfolgreicher zu sein als die anderen; wir kritisieren sie und lehnen sie ab. Und dabei ist jeder völlig überzeugt, dass genau seine Auffassung und seine Art, wie er Jesus aufnimmt, die einzig wahre und die wichtigste sei. In Wirklichkeit haben alle recht: Jede Seite Jesu, jede einzelne Offenbarung über ihn zeigt uns eine Facette seiner Herrlichkeit.

Was tun? Gottes Lösung dafür ist Demut und Weisheit. Wenn wir umkleidet sind mit Demut und voll der Weisheit Gottes, dann wollen wir ihn immer besser kennenlernen. So werden unser Herz, unsere Sichtweise nicht enger, sondern weiter.

TIPPS ZUM BUCH:

- Lies dieses Buch nicht wie einen Roman in einem Zug durch. Halte nach jedem Kapitel inne.
- Schlage die Bibelstellen in deiner Bibel nach und lies sie noch einmal in aller Ruhe.
- Danke Gott für seine wunderbaren Verheißungen.
- Denke über das Gelesene in Ruhe nach. Meditiere darüber und bete, dass aus dem Kopfwissen eine göttliche Offenbarung wird, die in dein Herz sinkt.

Frage dich immer wieder:

- Wo muss ich meine Ansichten über den Heiligen Geist ändern?
- Was bedeutet das dann für mich persönlich?
- Lebe ich diese Verheißung aus? Wenn ja, in welcher Bandbreite?
- Wie kann ich den Heiligen Geist aufnehmen als den, als der er mir gerade vorgestellt wurde?
- Wie kann dieses theoretische Wissen zur praktischen Erfahrung werden?

Ich bete darum, dass diese Offenbarung auch für dich zum Geschenk des Himmels wird, wie ich es erlebt habe. Möge unser geliebter Herr dir die Gnade geben, das selbst zu erleben und zu erfahren. Genieße das Lesen und auch das Meditieren. Spüre den Wind des Geistes, der die Segel deines Glaubens füllt und dich in die Weite hinausführt!

4.

HUNDERT FACETTEN DES HEILIGEN GEISTES

Hier findest du Meditationen darüber, wie sich der Heilige Geist in unserem Leben zeigt und betätigt. Wie ein großartiger Diamant hat auch der Heilige Geist zahlreiche Facetten, und jede einzelne von ihnen hat ihren besonderen Lichtglanz.

Ich habe mehr als 140 solcher Facetten erforscht. Die meisten davon finden sich in diesem Buch. In manchen Kapiteln findest du gleich mehrere Aspekte; mitunter brauchte es auch mehrere Kapitel, um einen Aspekt zu beschreiben und auszuführen.

Den hundert Facetten folgt schließlich ein Kapitel, in dem alle weiteren Aspekte des Heiligen Geistes aufgelistet sind, die nicht in diesem Buch behandelt werden. Das heißt aber nicht, dass sie nicht wichtig wären. Zu diesen Facetten hatte ich einfach nicht genügend Material für ein eigenes Kapitel.

BEIPACKZETTEL MIT DOSIERUNGSEMPFEHLUNG:

- Regelmäßige Einnahme steigert die Wirkung beträchtlich. Die Dosierung kann gesteigert werden. Es sind keinerlei negativen Nebenwirkungen zu befürchten.

- Die Ausführungen sollten betend gelesen werden (jede Aussage, die mich anspricht und auch jede, die mich eher kalt lässt, kann im Gebet thematisiert werden).

- Auf das Lesen folgt die Meditation über das Gelesene und das Hören auf den Heiligen Geist, nach dem du ja Durst hast und den du entdecken möchtest.

Und ich sage euch: Bittet, und es wird euch gegeben werden; sucht, und ihr werdet finden; klopft an, und es wird euch geöffnet werden! Denn jeder Bittende empfängt, und der Suchende findet, und dem Anklopfenden wird geöffnet werden. Wen von euch, der Vater ist, wird der Sohn um einen Fisch bitten – und wird er ihm statt des Fisches etwa eine Schlange geben? Oder auch, wenn er um ein Ei bäte – er wird ihm doch nicht einen Skorpion geben? Wenn nun ihr, die ihr böse seid, euren Kindern gute Gaben zu geben wisst, wie viel mehr wird der Vater, der vom Himmel gibt, den Heiligen Geist geben denen, die ihn bitten!

LUKAS 11,10-13

1. DER HEILIGE GEIST IST EINE PERSON

So hat auch niemand erkannt, was in Gott ist, als nur der Geist Gottes.

1. KORINTHER 2,11

Dies alles aber wirkt ein und derselbe Geist und teilt jedem besonders aus, wie er will.

1. KORINTHER 12,11

Ich ermahne euch aber, Brüder, durch unseren Herrn Jesus Christus und durch die Liebe des Geistes ...

RÖMER 15,30

Der Heilige Geist ist eine *Person*, nicht einfach nur eine Inspiration oder eine göttliche Kraft. Das entnehmen wir folgenden Anzeichen:

Das griechische Wort für „Geist" steht im Neutrum; dennoch benutzt der griechische Text der Bibel stets männliche Personalpronomen, wenn es sich um den Heiligen Geist handelt. Wir sehen dies vor allem in den Reden Jesu (Johannes 14,26; 15,26; 16,13), aber auch in anderen Zusammenhängen (zum Beispiel in Apostelgeschichte 13,2).

Jesus nannte ihn den „den anderen Beistand" (Johannes 14,16) und bezeichnete sich selbst damit als den „ersten Beistand". Wie könnten aber eine Kraft oder eine Inspiration eine Person ersetzen?

Der Heilige Geist hat die drei wesentlichen Elemente einer Persönlichkeit:

- Intelligenz und Wissen (1. Korinther 2,11),
- Gefühle (Römer 8,27; Epheser 4,30) und einen
- Willen (1. Korinther 12,11).

Man kann sich ihm wie einer Person nähern und wir können

- ihn versuchen (Apostelgeschichte 5,9),
- ihn belügen (Apostelgeschichte 5,3),
- ihn betrüben (Epheser 4,30; Jesaja 63,10),
- ihm widerstehen (Apostelgeschichte 7,51),
- ihn beleidigen oder schmähen (Hebräer 10,29),
- ihn lästern (Matthäus 12,31).

Der Heilige Geist vollbringt persönliche Taten:

- er belebt (Johannes 3,5),
- er lehrt (Johannes 14,26),
- er gibt Zeugnis von Jesus (Johannes 15,26),
- er überführt (Johannes 16,8-11),
- er führt in die Wahrheit (Johannes 16,13),
- er verherrlicht Jesus Christus (Johannes 16,14),
- er ruft Menschen in den Dienst (Apostelgeschichte 13,2),
- er redet (Apostelgeschichte 13,2; Offenbarung 2,7),
- er leitet die Menschen im Dienst (Apostelgeschichte 16,6-10),
- er tut Fürbitte (Römer 8,26),

- er erforscht alles (1. Korinther 2,10),
- er bewirkt alles (1. Korinther 12,11).

IM GLAUBEN ERGREIFE ICH DEN HEILIGEN GEIST, DER EINE PERSON IST. ICH WERDE IHN ALSO WIE EINE PERSON BEHANDELN, DAS HEISST, RESPEKTVOLL, ZUVORKOMMEND UND HÖFLICH. SEI WILLKOMMEN, HEILIGER GEIST!

2. DER HEILIGE GEIST IST GOTT (1)

Petrus aber sprach: Hananias, warum hat der Satan dein Herz erfüllt, dass du den Heiligen Geist belogen und von dem Kaufpreis des Feldes beiseite geschafft hast? ... Nicht Menschen hast du belogen, sondern Gott.

APOSTELGESCHICHTE 5,3-4

Bevor ich zeigen kann, dass der Heilige Geist *Gott* ist, musste ich darlegen, dass er eine *Person* ist. Trotzdem ist er mehr als nur eine Person; er ist eine *göttliche* Person. Dies sehen wir an verschiedenen Punkten:

- *Er weist Eigenschaften auf, die unbestritten Gott zugeschrieben werden*: Er ist ewig (Hebräer 9,14), allwissend (1. Korinther 2,10-11; Johannes 14,26; Johannes 16,12-14), allmächtig (Lukas 1,35) und allgegenwärtig (Psalm 139,7-10).

- *Ihm werden Taten zugeordnet, die eindeutig Gottes Handeln sind*: Zum Beispiel die Schöpfung (1. Mose 1,2; Hiob 33,4; Psalm 104,30), unsere Wiedergeburt (Johannes 3,5), die Inspiration der Schrift (2. Petrus 1,21; Apostelgeschichte 1,16; Apostelgeschichte 18,25) und die Auferweckung Jesu Christi von den Toten (Römer 8,11).

- *Der Heilige Geist ist vereint mit Gott dem Vater und Gott dem Sohn*. Das bezeugt nicht nur, dass er eine Person ist, sondern eine göttliche Person. Wir sehen das im Taufbefehl (Matthäus 28,19), im apostolischen Segen (2. Korinther 13,13) und in der Verwaltung der Gemeinde (1. Korinther 12,4-6).

- *Die Worte und Werke des Heiligen Geistes werden als Worte und Werke Gottes angesehen* (vergleiche Jesaja 6,9-10 mit Johannes 12,39-41 und Apostelgeschichte 28,25-27; 2. Mose 16,7 mit Psalm 95,8-11; Jesaja 63,9f mit Hebräer 4,7-9; 1. Mose 1,27 mit Hiob 33,4).

- *Und schließlich wird er ausdrücklich Gott genannt* (Apostelgeschichte 5,3-4 und 2. Korinther 3,17). Er trägt weitere Namen, die nur Gott zustehen (vergleiche dazu 2. Mose 17,7 mit Hebräer 3,7-9; Jesaja 6,8-10 mit Apostelgeschichte 28,25-27 und 2. Timotheus 3,16 mit 2. Petrus 1,21).

Alle diese Schriftstellen beweisen: Der Heilige Geist ist Gott, genauso wie der Vater und der Sohn es sind. Schon immer haben Christen das geglaubt und aus der Schrift nachgewiesen. Das Konzil von Konstantinopel (381 n. Chr.) bestätigte diese Lehrmeinung als für die Kirche verbindlich, so wie das Konzil von Nizäa (im Jahr 325 n. Chr.) die Göttlichkeit Jesu Christi festgelegt hatte. So wie Jesus Christus der Sohn Gottes ist, so ist der Heilige Geist der Geist Gottes.

IM GLAUBEN ERGREIFE ICH DEN HEILIGEN GEIST, DER GOTT SELBST IST – IN ALLER DEMUT UND MIT DER GANZEN IHM ZUSTEHENDEN EHRFURCHT.

3. DER HEILIGE GEIST IST GOTT (2)

... und tauft sie auf den Namen des Vaters und des Sohnes und des Heiligen Geistes.

MATTHÄUS 28,19

Man muss nur in einer Bibelkonkordanz nachschauen, dann wird es schnell deutlich: Im Wort Gottes stehen Gott der Vater, der Sohn und der Heilige Geist als Personen in enger Verbindung zueinander. So wird man zum Beispiel feststellen, dass jede dieser drei Personen in der Bibel „Herr“ genannt wird.

EIN KLEINER KATECHISMUS:

- Wo ist der Vater?
  Jesus sagt uns, dass er im Himmel wohnt; die Apostel sagen uns, dass er auf seinem Thron sitzt.
- Wo ist Jesus?
  Er sitzt zur Rechten Gottes und verwendet sich für uns.
- Wo ist der Heilige Geist?
  Auf Erden, in unserem Herzen.

Der Heilige Geist ist Gott in Aktion auf Erden. Wenn Gott handelt, dann handelt er durch seinen Geist. Wenn Gott uns berührt, zu uns redet, uns gebraucht, dann geschieht das immer durch seinen Geist.

Jesus wurde durch den Heiligen Geist gezeugt. Er wurde vom Heiligen Geist gesalbt, um seinen Auftrag zu erfüllen. Alles, was er machte, geschah durch den Heiligen Geist. Durch den Heiligen Geist hat er sich als Opfer hingegeben. Durch den Geist stand er von den Toten auf.

- Der Heilige Geist ist der handelnde Gott – heute, hier und jetzt auf Erden.
- Der Heilige Geist ist der Gott, der den Menschen überführt.
- Der Heilige Geist ist der Gott, der eine neue Geburt hervorbringt.
- Der Heilige Geist ist der Gott, der beim Menschen und im Menschen wohnt.
- Der Heilige Geist ist der Gott, der in den Dienst ruft und zurüstet.
- Der Heilige Geist ist der Gott, der durch den Menschen wirkt.
- Der Heilige Geist ist der Gott, der in der Gemeinde wirkt und durch die Gemeinde in der Welt.

Gott hat sich zweimal hingegeben: einmal durch Jesus (um uns die Beziehung zu ihm zu ermöglichen) und dann in der Person des Heiligen Geistes (um im Menschen zu wohnen).

IM GLAUBEN ERGREIFE ICH DEN HEILIGEN GEIST, DER GOTT IST. ICH WILL ZULASSEN, DASS ER DURCH MICH AUF DER ERDE HANDELT.

4. DER HEILIGE GEIST, DER ÜBER DEM WASSER SCHWEBTE

Im Anfang schuf Gott den Himmel und die Erde. Und die Erde war wüst und leer, und Finsternis war über der Tiefe; und der Geist Gottes schwebte über dem Wasser.

1. MOSE 1,1-2

Sendest du deinen Odem aus, so werden sie erschaffen, und du erneuerst die Gestalt der Erde.

PSALM 104,30 (SCHLACHTER)

Der Heilige Geist ist die wirkende Kraft Gottes. Er beteiligte sich an der Schöpfung, als alles noch wüst und leer war. Er begann – aus dem Nichts heraus!

Dieser selbe Heilige Geist wirkt im Gläubigen. Dieser selbe Geist schwebte auch über uns, als wir noch fern von Gott waren, als wir noch „wüst und leer“ waren. Dieser selbe Heilige Geist brachte Licht in unser Leben und überführte uns von Sünde. Dieser selbe Geist wird weiter schöpferisch tätig sein und uns neu machen, so lange, bis Gott sagen kann: „Es ist sehr gut!“

Vielleicht haben wir manchmal den Eindruck, dass wir nichts sind und nichts haben. Das ist sehr gut so, denn der Heilige Geist Gottes wirkt aus dem Nichts heraus (einmal abgesehen von dem Wort Gottes, durch das alles erschaffen wurde – Hebräer 11,3 – und erhalten wird – Hebräer 1,3). Für Gott bedeutet *nichts* weitaus mehr als *etwas*, denn wir haben nichts getan, um gerettet zu werden (und das reicht vollauf! Wollten wir etwas dazutun, würden wir uns damit von der Errettung ausschließen). Derjenige, der in uns dieses Werk begonnen hat, wird es auch vollbringen (Psalm 138,8; Philipper 1,6), und er weiß, wie er es ohne unsere Hilfe zu Ende bringen kann, wenn wir nur Ja sagen zu seinem Wirken! Wir haben im Geist begonnen, warum sollten wir im Fleisch enden?

Gott beginnt mit dem Nichts ... außerdem heißt es in der Schrift (1. Korinther 1,27), dass er die törichten Dinge der Welt gebraucht, um die Weisen zuschanden zu machen, und er gebraucht die schwachen Dinge in der Welt, um das Starke zuschanden zu machen! Eine wahrhaft gute Nachricht für alle, die sich nicht weise oder stark genug fühlen!

IM GLAUBEN ERGREIFE ICH DEN HEILIGEN GEIST, DER MIT DEM NICHTS ANFÄNGT. ALSO HABE AUCH ICH DAS ZEUG, EIN WERK DES GEISTES ZU SEIN. WAS ER IN MIR ANGEFANGEN HAT, WIRD ER AUCH VOLLENDEN.

5. DER HEILIGE GEIST, DER ÜBER MARIA KAM

Und der Engel antwortete und sprach zu ihr: Der Heilige Geist wird über dich kommen, und die Kraft des Höchsten wird dich überschatten. Darum wird auch das Heilige, das geboren wird, Gottes Sohn genannt werden.

LUKAS 1,35 (SCHLACHTER)

Jesaja hatte dies vorausgesagt (7,14): „Siehe, die Jungfrau wird schwanger werden." Eigentlich kann eine Jungfrau unmöglich schwanger werden! Doch Maria bringt die Verheißung zur Geburt. Dies ist eine Prophetie über die wundersame Geburt Jesu. Wir sehen die Erfüllung dieser Prophetie im Neuen Testament; Details zur Zeugung finden wir in Lukas 1,26-38.

Jesus existierte bereits lange bevor er im Fleisch offenbar wurde; er ist von Ewigkeit, er ist das Wort, das am Anfang war, und dieses Wort musste Fleisch werden! Maria war wie eine Brücke, die Gott gebrauchte, um in die physische Welt eine geistliche Realität hineinzubringen. In diesem Sinn ist sie tatsächlich unser Vorbild.

In der geistlichen Welt Gottes gibt es vieles, das in der physischen Welt sichtbar und greifbar werden soll – also hier auf Erden. Wir alle haben den Auftrag, solche Brücken für Gottes Geschenke zu sein. Gemäß Epheser 1,3 hat Gott uns gesegnet – das ist also schon geschehen! – mit allen geistlichen Segnungen in der Himmelswelt in Christus. An himmlischen Orten sind also geistliche Segnungen gespeichert; sie liegen für uns bereit, die wir in Christus sind. Die Gesamtheit der biblischen Verheißungen ist im Himmel also bereits vorhanden, denn Gottes Wort steht für immer fest (Psalm 119,89). Jesus lehrt uns, zum Vater zu beten: „Dein Wille geschehe, wie im Himmel, so auch auf Erden“ (Matthäus 6,10). Der Wille des Vaters ist also im Himmel bereits ausgeführt.

Jesus – dieser Name bedeutet *Gott rettet, Heil Gottes*. So wie Jesus durch den Heiligen Geist in Maria auf der Erde gezeugt wurde und jeder ihn dann sehen konnte, genauso wird sich auch sein volles Heil auf Erden manifestieren.

Und hier höre ich bereits die Frage des Nikodemus unserer Zeit: „Wie kann dies geschehen?“ Sehen wir einmal, was der Engel zu Maria sagte (Lukas 1,30): „Du hast Gnade bei Gott gefunden!“

Der Engel offenbart hier den Ursprung all dessen, was geschehen sollte: Es ist *Gnade*! Gnade kann man nicht verdienen. Das heißt, Maria wurde nicht aufgrund ihrer Verdienste auserwählt. Außerdem gab sie ja selbst zu, dass sie einen Retter brauchte (Vers 47). Wie alles, was durch Gnade gegeben wird, musste auch dies *im Glauben* ergriffen werden.

Dann fuhr der Engel fort (Vers 35): „Der Heilige Geist wird über dich kommen, und Kraft des Höchsten wird dich überschatten.“

Bei der Schöpfung schwebte der Heilige Geist über den Wassern und bedeckte die Oberfläche des Wassers. Gott verkündete ein Wort, und auf der Basis dieses Wortes wirkte der Heilige Geist. Und genauso wirkt er auch heute noch – auf der Basis des Wortes Gottes. Bei Maria war es der Engel Gabriel, der ihr dieses Wort verkündete. Vor der Zeugung musste also das Wort Gottes verkündigt werden.

Abschließend sagte der Engel noch (Vers 37): „Denn kein Wort, das von Gott kommt, wird kraftlos sein." Jedes Wort von Gott hat die Kraft, sich selbst zu erfüllen.

Schauen wir uns also nun, im Licht dieser unserer Entdeckung, nochmals Vers 36 und 37 an: „Und siehe, Elisabeth, deine Verwandte, auch sie erwartet einen Sohn in ihrem Alter, und dies ist der sechste Monat bei ihr, die unfruchtbar genannt war. Denn kein Wort, das von Gott kommt, wird kraftlos sein!"

Die unfruchtbare Elisabeth war nun schwanger. Warum? Weil Gott ein Wort verkündet hatte.

Maria verstand nun, dass *ein Wort von Gott* ausreicht. Also antwortete sie (Vers 38): „Es geschehe mir nach deinem Wort!" Anders ausgedrückt, sagte sie: Es geschehe mir gemäß dem Inhalt dieses Wortes!

Dieses Wort ist ein Same. In Matthäus 13,24 verwendet Jesus dafür das Wort *sperma*. Das Wort Gottes ist ein unvergänglicher Same, der sich nicht verändert und der exakt seine Frucht hervorbringen wird (Lukas 8,11; 1. Petrus 1,23). Gott verkündete der Maria also ein Wort; der Heilige Geist bedeckte sie und wirkte in ihr. Das „Sperma" Gottes war gekommen, um den Glauben in Marias Herzen zu befruchten. Maria wurde schwanger mit der Verheißung. Darum sagt man im Französischen auch von einer ungläubigen Person, sie sei geistlich unfruchtbar oder steril.

Selbst wenn das Wort Gottes die Kraft hat, sich selbst zu erfüllen, braucht es immer noch eine menschliche Antwort: die Antwort des Glaubens. Maria gab diese Antwort, wie es der Engel in Lukas 1,45 bestätigt: „Und glückselig, die geglaubt hat, denn es wird zur Erfüllung kommen, was von dem Herrn zu ihr geredet ist!"

Maria fügte also dem Wort Gottes ihren Glauben hinzu und empfing es so ganz persönlich als von Gott kommend. Daraufhin konnte das Wort wirksam werden. Dies ist ein biblisches Prinzip:

... dass ihr das Wort ... nicht als Menschenwort aufgenommen habt, sondern als das, was es in Wahrheit ist, als Gottes Wort, das in euch wirkt (wörtlich: seine Wirksamkeit zeigt, handelt), die ihr glaubt.

1. THESSALONICHER 2,13 (SCHLACHTER)

Ein weiteres Prinzip finden wir im Hebräerbrief:

Aber das gehörte Wort nützte jenen nicht (es hatte keinerlei Wirksamkeit, es brachte keinen Nutzen, es brachte keinen Vorteil), weil es bei denen, die es hörten, sich nicht mit dem Glauben verband (oder vermischt wurde, verschmolz).

HEBRÄER 4,2

Wie Maria empfangen wir das Wort Gottes, diesen unvergänglichen Samen, das „Sperma" Gottes. Dieser Same soll unseren Glauben befruchten. Dann werden wir mit der Verheißung schwanger. Wir werden sie austragen und zur Welt bringen. *Die geistliche Realität wird sich in der physischen Welt manifestieren.* So wie das Wort Fleisch wurde, so wird sich auch die Verheißung Gottes in unserem Leben verwirklichen.

Das Wort wurde Fleisch – wie? Dadurch, dass Maria sagte: „Es geschehe mir nach deinem Wort!“

Maria empfing das Wort in ihrem Geist, und anschließend manifestierte es sich in ihrem Fleisch: Das Wort Gottes wurde in ihren Schoß eingepflanzt. Der Same wurde zum Embryo und somit Fleisch – genauso wie jedes andere Wort, das aus dem Mund Gottes hervorgeht und das einer neuen Schöpfung Leben gibt, wenn wir es in unserem Geist empfangen.

IM GLAUBEN ERGREIFE ICH DEN HEILIGEN GEIST, DER ÜBER MICH GEKOMMEN IST. WAS GEBOREN WIRD, WIRD SOHN GOTTES GENANNT WERDEN: ICH WURDE VON OBEN GEBOREN, ICH WURDE VON NEUEM GEBOREN. NUN ERGREIFE ICH IM GLAUBEN DENSELBEN GEIST, DER AUCH MICH BEDECKT UND DER DURCH MICH WEITERE HIMMLISCHE REALITÄTEN AUF DIE WELT BRINGEN WILL, WEIL ICH SEINEN VERHEISSUNGEN GLAUBE.

6. DER HEILIGE GEIST, DER JESUS SALBTE

Der Geist des Herrn ist auf mir, weil er mich gesalbt hat ...

LUKAS 4,18

... wie Gott Jesus von Nazareth gesalbt hat mit Heiligem Geist und Kraft ...

APOSTELGESCHICHTE 10,38

Die Bibel sagt, dass Jesus für seinen Dienst auf der Erde gesalbt wurde. Hätte Jesus seinen Dienst als Sohn Gottes ausgeübt, hätte er der Salbung nicht bedurft. Wenn er diesen seinen Dienst ausgeübt hätte als Gott, der sich im Fleisch manifestiert – hätte Gott es denn nötig

gehabt, gesalbt zu werden? Die nächste Frage ist naheliegend: Wer wäre in der Lage, Gott zu salben?
War denn Jesus Christus nicht schon von allem Anfang an Gottes Sohn, also lange vor seiner Taufe? Und dennoch heilte er in all den Jahren nicht einen einzigen Menschen, er vollbrachte kein einziges Wunder! Im Johannesevangelium wird uns von Jesu erstem Wunder berichtet – das wird betont (Johannes 2,11); also kann es vorher keine gegeben haben. Und sein erstes Wunder tat Jesus, nachdem er die Salbung empfangen hatte.
Jesus musste zuerst die Salbung empfangen, bevor er Heilungen bewirken konnte. Als Sohn Gottes hatten ihm zwar alle Kraft und Herrlichkeit gehört; aber er entäußerte sich dieser Kraft und Herrlichkeit an dem Tag, an dem er Mensch wurde (Philipper 2,7).

Jesu Dienst war an sich nichts Besonderes; nie hat Jesus beansprucht, etwas Besonderes zu sein. Im Gegenteil, er versprach seinen Jüngern, sie würden dieselben Werke tun wie er und sogar noch größere (Johannes 14,12). Er führte seinen Auftrag aus als ein vom Heiligen Geist gesalbter Mensch.

Bei genauerem Hinsehen erkennen wir in Lukas 4 einige Prinzipien und verstehen, wie Jesus die Werke tun konnte, die auf ihn warteten. Jesus wusste, *dass* er gesalbt war; er wusste, *woher* seine Salbung kam, und er wusste, *warum* er gesalbt war: Er verstand sich als die *Erfüllung der Verheißungen Gottes*.

Als ich Christ wurde, dachte ich, Jesus wäre der Vorname gewesen und Christus der Nachname. Später entdeckte ich, dass Christus ein *Titel* war. *Christus* (genauso wie das hebräische *Messias*) bedeutet *der Gesalbte; der, der die Salbung empfangen hat*.

Diesen Titel *Gesalbter* kann man unmöglich trennen von der Salbung. Wo immer die Salbung ist, ist auch der Christus; wo auch immer der Christus ist, dort ist auch die Salbung. Die ersten Jünger wurden Christen genannt, weil man durch sie Christus erkennen konnte.

IM GLAUBEN ERGREIFE ICH DEN HEILIGEN GEIST, MIT DEM ICH GESALBT BIN, SO WIE JESUS MIT DEM HEILIGEN GEIST GESALBT WAR. ICH WERDE MICH NICHT MEHR GROSS ALS „CHRIST" BEZEICHNEN, UM MICH DAFÜR BEWUNDERN ZU LASSEN. VIELMEHR WERDE ICH SO LEBEN, DASS ANDERE VON MIR SAGEN: „DAS IST EIN CHRIST!", WEIL SIE DURCH MICH CHRISTUS ERKENNEN, UND WEIL ICH DAS SPIEGELBILD, EIN REFLEKTOR DES GESALBTEN GEWORDEN BIN.

7. DER HEILIGE GEIST KOMMT, WENN JESUS VERHERRLICHT WIRD

Dies aber sagte er von dem Geist, den die empfangen sollten, die an ihn glaubten; denn noch war der Geist nicht da, weil Jesus noch nicht verherrlicht worden war.

JOHANNES 7,39

Nachdem er nun durch die Rechte Gottes erhöht worden ist und die Verheißung des Heiligen Geistes vom Vater empfangen hat, hat er dieses ausgegossen, was ihr seht und hört. Denn nicht David ist in die Himmel aufgefahren; er sagt aber selbst: „Der Herr sprach zu meinem Herrn: Setze dich zu meiner Rechten, bis ich deine Feinde lege zum Schemel deiner Füße!" Das ganze Haus Israel wisse nun zuverlässig, dass Gott ihn sowohl zum Herrn als auch zum Christus gemacht hat, diesen Jesus, den ihr gekreuzigt habt. Als sie aber das hörten, drang es ihnen durchs Herz, und sie sprachen zu Petrus und den anderen Aposteln: Was sollen wir tun, ihr Brüder? Petrus aber sprach zu ih-

nen: Tut Buße, und jeder von euch lasse sich taufen auf den Namen Jesu Christi zur Vergebung eurer Sünden! Und ihr werdet die Gabe des Heiligen Geistes empfangen. Denn euch gilt die Verheißung und euren Kindern und allen, die in der Ferne sind, so viele der Herr, unser Gott, hinzurufen wird.

APOSTELGESCHICHTE 2,33-39

Hier sehen wir gleich mehrfach, dass der Heilige Geist dann kommt, wenn Jesus verherrlicht wird. Die Sendung des Heiligen Geistes ist also eine direkte Konsequenz der Verherrlichung Jesu bei seiner Auffahrt.

In dem Text aus der Apostelgeschichte lesen wir, dass Jesus den verheißenen Geist vom Vater bei seiner Auffahrt, bei seiner Verherrlichung empfing. Dies ist das zweite Mal, dass Jesus den Heiligen Geist empfing. Das erste Mal geschah das bei seiner Taufe; er musste gesalbt werden, um seinen Dienst ausüben zu können. Wie hätte er auch der Messias, der Christus sein können, ohne gesalbt zu sein? Jesus empfing also den Heiligen Geist zunächst, um die messianischen Prophezeiungen zu erfüllen.

Dieses zweite Mal empfing er den Geist, der uns verheißen wurde, nicht mehr für sich selber. Er empfing ihn, um ihn auf alle diejenigen auszugießen, die glauben würden. Als verherrlichter Mensch, als Haupt des Leibes empfing er den Geist der Verheißung vom Vater, damit der Heilige Geist über seinen ganzen Leib ausgegossen werden könnte – also über alle, die ihm anhängen.

Wir dürfen das Kommen des Heiligen Geistes nicht von der Verherrlichung Jesu bei seiner Auffahrt trennen. Er wurde zum Herrn und Christus gemacht, alle Vollmacht wurde ihm gegeben (Matthäus 28,18), und aus diesem Grund kann der Heilige Geist auf alles Fleisch ausgegossen werden.

WORIN BESTEHT DIE HERRLICHKEIT CHRISTI?

Der Vater gab Jesus Christus einen Namen über alle Namen, und Jesus Christus empfing den Heiligen Geist. Er setzte sich zur Rechten Gottes und ist jetzt über alles erhoben!
All dies hatte er schon immer gehabt, aber er konnte es mit keinem Menschen teilen. Deshalb entäußerte er sich seiner Herrlichkeit, erschien als Mensch und starb ohne Sünde. Und die Herrlichkeit, die er vorher *als Sohn Gottes* gehabt hatte, erbte er nun als Mensch.

Jetzt ist diese Herrlichkeit auch uns Menschen zugänglich, weil Jesus Christus als Mensch das empfing, was er als Gott innegehabt hatte. Zur Rechten Gottes, an der höchsten Stelle des Universums, sitzt ein Mensch; ein Mensch wurde verherrlicht, ein Mensch vertritt uns beim Vater. Es gibt nur einen einzigen Vermittler: *den Menschen Jesus Christus*.

VERHERRLICHT!

Jesus starb nicht am Kreuz, um sich selbst zu retten; er tat es auch nicht, um von Menschen geehrt oder verherrlicht zu werden. Beides hatte er nicht nötig. Er betete:

Und nun verherrliche du, Vater, mich bei dir selbst mit der Herrlichkeit, die ich bei dir hatte, ehe die Welt war!

JOHANNES 17,5

Das war also sein Ziel: vor dem Vater verherrlicht zu werden, damit der den Heiligen Geist auf die Menschen ausgießen könnte. Und tatsächlich sagt die Bibel:

Indem er den Menschen gleich geworden ist, und der Gestalt nach wie ein Mensch befunden, erniedrigte er sich selbst und wurde gehorsam bis zum Tod, ja, zum Tod am Kreuz. ***Darum hat Gott ihn auch hoch erhoben*** *und ihm den Namen verliehen, der über jeden Namen ist.*

PHILIPPER 2,7-11

Diesen hat Gott durch seine Rechte zum Führer und Retter erhöht, um Israel Buße und Vergebung der Sünden zu geben.

APOSTELGESCHICHTE 5,31

Wir sehen aber Jesus, der ein wenig unter die Engel erniedrigt war, wegen des Todesleidens mit Herrlichkeit und Ehre gekrönt.

HEBRÄER 2,9

Wer überwindet, dem werde ich geben, mit mir auf meinem Thron zu sitzen, wie auch ich überwunden und mich mit meinem Vater auf seinen Thron gesetzt habe.

OFFENBARUNG 3,21

So will auch ich ihn zum Erstgeborenen machen, zum Höchsten unter den Königen der Erde.

PSALM 89,28

Die hat er in Christus wirksam werden lassen, indem er ihn aus den Toten auferweckt und zu seiner Rechten in der Himmelswelt gesetzt hat, hoch über jede Gewalt und Macht und Kraft und Herrschaft und jeden Namen, der nicht nur in diesem Zeitalter, sondern auch in dem zukünftigen genannt werden wird. Und alles hat er seinen Füßen unterworfen und ihn als Haupt über alles der Gemeinde gegeben, die sein Leib ist, die Fülle dessen, der alles in allen erfüllt.

EPHESER 1,20-23

Der ist zur Rechten Gottes, nachdem er in den Himmel gegangen ist, und Engel und Mächte und Kräfte sind ihm unterworfen.

1. PETRUS 3,22

Er, der Ausstrahlung seiner Herrlichkeit und Abdruck seines Wesens ist und alle Dinge durch das Wort seiner Macht trägt, hat sich, nachdem er die Reinigung von den Sünden bewirkt hat, zur Rechten der Majestät in der Höhe gesetzt; und er ist um so viel erhabener geworden als die Engel, wie er einen vorzüglicheren Namen vor ihnen ererbt hat.

HEBRÄER 1,3-4

Dieser aber hat ein Schlachtopfer für Sünden dargebracht und sich für immer gesetzt zur Rechten Gottes.

HEBRÄER 10,12

Der Menschensohn hat einen Namen empfangen. Als das Wort Fleisch wurde, bekam es einen Namen. Dieser Name wurde kurz vor der Zeugung prophezeit. *Es ist der Vorname Jesus.*

Als er dann verherrlicht wurde, empfing er einen neuen Namen und zwar *den Namen Jesu* (aber nicht den Vornamen Jesus, wie es manche Abergläubische denken und deshalb ihre Söhne mit diesem Namen nennen). Den Vornamen Jesus erhielt er bei seiner Geburt, nicht bei seiner Verherrlichung.

Und er ist um so viel erhabener geworden als die Engel, wie er einen vorzüglicheren Namen vor ihnen ererbt hat. Denn zu welchem der Engel hat er jemals gesagt: „Mein Sohn bist du, ich habe dich heute gezeugt"?

HEBRÄER 1,4-5

Er hat einen Namen geerbt, der vorzüglicher ist als der der Engel – und ich bin Miterbe mit Christus! Wann geschah dies? Als der Vater bei seiner Auferstehung sagte:

Du bist mein Sohn, heute habe ich dich gezeugt.

APOSTELGESCHICHTE 13,33

Darum hat Gott ihn auch hoch erhoben und ihm den Namen verliehen, der über jeden Namen ist, damit in dem Namen Jesu jedes Knie sich beuge, der Himmlischen und Irdischen und Unterirdischen, und jede Zunge bekenne, dass Jesus Christus Herr ist, zur Ehre Gottes, des Vaters.

PHILIPPER 2,9-11

Wenn Gott seinem Sohn einen Namen gibt, dann ist eines sicher: Dieser Name ist wunderbar, er ist über allen anderen Namen, er umfasst alles. Ist das nun wirklich ein Name oder ist es ein Titel? Sehen wir einmal in Offenbarung 19,16 nach: „Und er trägt auf seinem Gewand und an seiner Hüfte einen Namen geschrieben: König der Könige und Herr der Herren." Das ist eigentlich ein Titel, doch Johannes spricht hier von einem Namen; bei Name denken wir allerdings sofort an den Vornamen Jesus. Und in der Tat hat auch dieses Wort eine tiefe Bedeutung. *Jesus* ist die griechische Form des hebräischen *Jeschua* (oder *Jehoschua, Jahschua*): *Jahwe ist Rettung*. Wie auch immer dieser herrliche Name lauten mag: Er wird in allen drei Welten respektiert – also in den Himmeln, auf der Erde und unter deErde.

Jesus Christus wurde als Mensch verherrlicht; er vertritt uns im Himmel, und er hat wiederum seinen Geist über uns ausgegossen, damit wir ihn auf der Erde vertreten bzw. repräsentieren.

IM GLAUBEN ERGREIFE ICH DEN VERHEISSENEN GEIST, DER VON DEM VERHERRLICHTEN JESUS AUSGEGOSSEN WURDE. ALSO WERDE ICH AUF DER ERDE JESUS CHRISTUS REPRÄSENTIEREN. ICH WERDE EIN LEBENDIGER BEWEIS SEIN FÜR SEINE AUFERSTEHUNG UND SEINE VERHERRLICHUNG.

8. DER HEILIGE GEIST ALS GESCHENK

Und danach wird es geschehen, dass ich meinen Geist ausgießen werde über alles Fleisch. Und eure Söhne und eure Töchter werden weissagen, eure Greise werden Träume haben, eure jungen Männer werden Visionen sehen.

JOEL 3,1

Petrus aber sprach zu ihnen: Tut Buße, und jeder von euch lasse sich taufen auf den Namen Jesu Christi zur Vergebung eurer Sünden! Und ihr werdet die Gabe des Heiligen Geistes empfangen. Denn euch gilt die Verheißung und euren Kindern und allen, die in der Ferne sind, so viele der Herr, unser Gott, hinzurufen wird.

APOSTELGESCHICHTE 2,38-39

In dieser Stelle aus der Apostelgeschichte steht nicht das Wort *charisma*, das sonst für die geistlichen Gaben gebraucht wird, sondern *dorea* – manche übersetzen es auch mit *Geschenk*. Im Neuen Testament kommt es insgesamt elfmal vor und wird wiederholt verwendet als Umschreibung für Christus oder den Heiligen Geist. Hier geht es also um die Gabe der Person des Heiligen Geistes, die Gabe des verheißenen Heiligen Geistes, wörtlich *des verheißenen Geistes, der ausgesondert war*.

Denn das Wort *heilig* könnte man auch mit *ausgesondert* oder *reserviert* wiedergeben. Bevor Jesus kam, hatte nicht jeder Zugang zum Heiligen Geist und zu seinem Dienst – er war abgesondert für die Gemeinde, reserviert für die Zeit, wenn Jesus verherrlicht sein würde; zurückbehalten für die Zeit, wenn Gott seinen Geist auf alles Fleisch ausgießen würde. Dieser Vers macht deutlich, dass wir nicht „ein paar Manifestationen des Geistes" empfangen, sondern den Heiligen Geist höchstpersönlich! Schließlich haben wir ja auch nicht lediglich „einige Wirkungen und Erscheinungsformen Christi" aufgenommen, als er sich uns offenbarte, sondern Jesus Christus selbst.

„Ihr werdet die Gabe des Heiligen Geistes empfangen." Wörtlich steht hier: *Ihr werdet für euch die Gabe des Geistes ergreifen*; hier stoßen wir wieder auf das Verb *lambano*, das wir ganz am Anfang kenngelernt haben. Das ist unser roter Faden: Es geht darum, *die Gabe des Heiligen Geistes selbst zu ergreifen* – und nicht nur ein paar seiner Manifestationen zu erleben. Dies ist keine passive, statische Position, sondern eine höchst aktive Handlung: *Diese Verheißung ist für uns bestimmt, aber wir müssen unseren Willen einbringen.*

DIE VERHEISSUNG

Sie ist für alle Menschen aller Zeiten, die der Herr herausgerufen hat, die geglaubt haben, die Buße getan haben, die Vergebung ihrer Sünden empfangen haben. Die Konditionen sind klar. Ausnahmen gibt es keine!

IM GLAUBEN ERGREIFE ICH DEN HEILIGEN GEIST, DEN GOTT AUF ALLES FLEISCH AUSGIESST. DIESE VERHEISSUNG GILT AUCH MIR; ICH ERGREIFE IHN, IHN HÖCHSTPERSÖNLICH UND NICHT NUR „EINIGE MANIFESTATIONEN".

9. DER HEILIGE GEIST WIRD VOM VATER GEGEBEN

Und er sprach zu ihnen: Wer von euch wird einen Freund haben und wird um Mitternacht zu ihm gehen und zu ihm sagen: Freund, leihe mir drei Brote, da mein Freund von der Reise bei mir angekommen ist und ich nichts habe, was ich ihm vorsetzen soll! Und jener würde von innen antworten und sagen: Mach mir keine Mühe! Die Tür ist schon geschlossen, und meine Kinder sind bei mir im Bett; ich kann nicht aufstehen und dir geben? Ich sage euch, wenn er auch nicht aufstehen und ihm geben wird, weil er sein Freund ist, so wird er wenigstens um seiner Unverschämtheit willen aufstehen und ihm geben, so viel er braucht. Und ich sage euch: Bittet, und es wird euch gegeben werden; sucht, und ihr werdet finden; klopft an, und es wird euch geöffnet werden! Denn jeder Bittende empfängt, und der Suchende findet, und dem Anklopfenden wird geöffnet werden. Wen von euch, der Vater ist, wird der Sohn um einen Fisch bitten – und wird er ihm statt des Fisches etwa eine Schlange geben? Oder auch, wenn er um ein Ei bäte – er wird ihm doch nicht einen Skorpion geben? Wenn nun ihr, die ihr böse seid, euren Kindern gute Gaben zu geben wisst, wie viel mehr wird der Vater, der vom Himmel gibt, den Heiligen Geist geben denen, die ihn bitten!

LUKAS 11,5-13

„Wie viel mehr wird der Vater, der vom Himmel gibt, den Heiligen Geist geben denen, die ihn bitten!" Dieser Text ist uns ja eigentlich vertraut – aber zu oft reißen wir ihn aus dem Zusammenhang. Jesus lehrte hier, wie wir beten sollten. Zur Illustration erzählte er ein Gleichnis: Ein Mensch braucht etwas Bestimmtes, weil er jemand anderem etwas Gutes tun will – und fordert von seinem Freund, dass der ihm das Benötigte geben solle.

Die Schlussfolgerung Jesu ist eine klare Ermutigung zu bitten und zwar so lange, bis wir das Erbetene bekommen; zu suchen und zwar so lange, bis wir finden; anzuklopfen und zwar so lange, bis uns aufgetan wird! Dies ist ein Aufruf zum Durchhalten, zum Nicht-Aufgeben.

Anschließend brachte Jesus noch Vergleiche aus dem Familienalltag, um uns zu versichern: Wenn wir Gott um etwas Gutes bitten, werden wir nichts Schlechtes empfangen. Wir werden nicht enttäuscht werden.

Schließlich brachte er es auf den Punkt: Der Vater im Himmel wird den Heiligen Geist geben – und zwar denen, die ihn darum bitten (wörtlich: den Bittenden).

FAZIT:

Wer bittet und nicht nachlässt, der weiß genau: Er selbst hat einem anderen nichts zu geben und ist sich seiner Unzulänglichkeit und seines Unvermögens sehr bewusst. Da er aber ganz sicher weiß, dass er nicht enttäuscht werden wird, kann er durchhalten und voller Zuversicht bitten. Jeder normale Vater weiß, was für sein Kind gut ist, und er gibt ihm Gutes. Wie viel mehr unser himmlischer Vater! *Der Heilige Geist ist so etwas Gutes.*

Vielleicht haben wir den Heiligen Geist schon empfangen, aber immer wieder finden wir uns wieder in einer Situation, der wir uns nicht gewachsen fühlen. In diesen Fällen – lasst uns suchen und weitersuchen, bis wir mehr finden von dem, was wir bereits empfangen haben. Lasst uns solange suchen, bis wir gefunden haben, denn wir haben das, was wir suchen, bereits empfangen – nur haben wir noch nicht alles gefunden!

Er, der doch seinen eigenen Sohn nicht verschont, sondern ihn für uns alle hingegeben hat – wie wird er uns mit ihm nicht auch ***alles*** *schenken?*

RÖMER 8,32

IM GLAUBEN ERGREIFE ICH DEN HEILIGEN GEIST, DEN DER VATER MIR GEGEBEN HAT. UND SO HABE ICH, UM ANDEREN WEITERGEBEN ZU KÖNNEN.

10. DER HEILIGE GEIST, DEN GOTT OHNE MASS GIBT

Der, den Gott gesandt hat, redet die Worte Gottes; denn er gibt den Geist nicht nach Maß.

JOHANNES 3,34

In manchen Bibelübersetzungen heißt es hier: „Denn Gott gibt *ihm* den Geist ohne Maß." Man könnte daraus den Schluss ziehen, *Jesus* habe den Geist ohne Maß empfangen. Das würde bedeuten, Jesus hätte über eine für uns unerreichbare und unzugängliche Fülle verfügt. Dazu müssten wir einige Fragen stellen:

- Wie können wir denn die gleichen Werke tun, die Jesus durch den Geist Gottes tat (Johannes 14,12; 20,21), wenn wir nicht dieselbe Fülle des Geistes Gottes haben?

- Wenn der Heilige Geist eine Person ist, wie kann man dann mehr oder weniger von ihm haben? Entweder wir haben ihn, oder wir haben ihn nicht! Aber wir können doch nicht nur ein Stückchen von ihm haben!

- Wenn es für uns eine kleinere Fülle des Geistes Gottes gibt als für Jesus, wie kann man da überhaupt von Fülle sprechen?

Im griechischen Urtext steht dieses „ihm" nicht. In so manchen Übertragungen wurde dieses Wort einfach hinzugefügt. Dieses „ihm" hat schwere Konsequenzen: Es verweist die Fülle und den Dienst Jesu in eine für uns unerreichbare Kategorie.

Aber auch umgekehrt gilt: Dieser Vers im originalen Wortlaut – „Gott gibt den Geist nicht nach Maß“ – hat eine krasse Konsequenz: Die Fülle und der Dienst Jesu sind nun für uns alle zugänglich. Der Vater hat uns den Heiligen Geist ohne Maß gegeben. Nicht nur einen Teil davon, sondern die Gesamtheit des Geistes!

Ich habe den Heiligen Geist, ohne Maß und ohne Grenzen! Allerdings: Der Heilige Geist wird mir von Gott ohne Grenzen gegeben – aber ich meinerseits begrenze ihn (leider) sehr wohl. Um genauer zu sein: Ich begrenze den Heiligen Geist in mir, insofern ich die Verheißung nicht kenne und wenig Glauben einsetze, um sie zu ergreifen. Das Maß des Geistes Gottes in mir steht sozusagen in direktem Verhältnis zu diesen beiden Voraussetzungen: Gottes Verheißungen kennen und sie im Glauben ergreifen.

Die einzigen Begrenzungen des Heiligen Geistes in mir sind also die, die ich selbst festlege.

IM GLAUBEN ERGREIFE ICH DEN HEILIGEN GEIST, DEN DER VATER MIR OHNE MASS GIBT. ICH KANN ALSO MEINE GRENZEN ERWEITERN UND VIEL MEHR MIT DEM HEILIGEN GEIST AUSLEBEN, ALS ICH BISHER GEGLAUBT HABE.

11. DER HEILIGE GEIST, DER ANDERE BEISTAND

Und ich werde den Vater bitten, und er wird euch einen anderen Beistand geben, dass er bei euch sei in Ewigkeit.

JOHANNES 14,16

Der Beistand aber, der Heilige Geist, den der Vater senden wird in meinem Namen, der wird euch alles lehren und euch an alles erinnern, was ich euch gesagt habe.

JOHANNES 14,26

Doch ich sage euch die Wahrheit: Es ist euch nützlich, dass ich weggehe, denn wenn ich nicht weggehe, wird der Beistand nicht zu euch kommen; wenn ich aber hingehe, werde ich ihn zu euch senden.

JOHANNES 16,7

In der Lutherbibel wird *Beistand* hier mit *Tröster* übersetzt. Das lässt uns eine Mutter sehen, die ihr weinendes Kind im Arm hält und versucht, es zu beruhigen. Ja, es ist wahr, der Herr hat uns schon so manches Mal getröstet. Aber eigentlich geht es hier um etwas anderes. Hier steht im Griechischen das Wort *parakletos, der Herbeigerufene, der Advokat,* der einem zur Seite steht. Es kann also mit *Beistand* übersetzt werden. In manchen deutschen Bibeln stehen hier auch die Begriffe *Ratgeber* (Neues Leben Bibel) oder *Helfer* (Neue Genfer Übersetzung). Das griechische Wort *parakletos* beschreibt jemanden, der uns zur Seite steht, sich in unserer Nähe aufhält und überhaupt *für uns* ist.

Wenn Jesus von einem *anderen Beistand* redet, könnte das zweierlei bedeuten – *ein andersartiger* oder aber *ein weiterer, dem ersten ähnlich.* Im Griechischen stellt sich diese Frage nicht; für die beiden Optionen gibt es unterschiedliche Worte:

- *allos:* ein weiterer, dem ersten ähnlich,
- und *heteros:* ein andersartiger.

Hier spricht Jesus von dem *allos parakletos,* dem weiteren, ihm selbst ähnlichen Beistand.

Wem ist er ähnlich? Wer ist der erste Beistand? Jesus selbst!

Dieser andere Beistand, der Heilige Geist, wird an meiner Seite für mich all das sein, was Jesus für seine Jünger war. Wie ging Jesus mit seinen Jüngern um, wie sah seine Beziehung zu ihnen aus, warum folgten sie ihm nach? Sicher nicht deshalb, weil sie des Fischens überdrüssig gewesen wären! Ahnst du, was du mit dem Heiligen Geist erleben kannst?

IM GLAUBEN ERGREIFE ICH DEN HEILIGEN GEIST, MEINEN ANDEREN BEISTAND. ER IST FÜR MICH ALL DAS, WAS JESUS FÜR SEINE JÜNGER WAR IN SEINER ERDENZEIT.

12. DER HEILIGE GEIST, DER IN UNS WOHNT

Wisst ihr nicht, dass ihr Gottes Tempel seid und der Geist Gottes in euch wohnt?

1. KORINTHER 3,16

Oder wisst ihr nicht, dass euer Leib ein Tempel des Heiligen Geistes in euch ist, den ihr von Gott habt, und dass ihr nicht euch selbst gehört?

1. KORINTHER 6,19

Ihr aber seid nicht im Fleisch, sondern im Geist, wenn wirklich Gottes Geist in euch wohnt. Wenn aber jemand Christi Geist nicht hat, der ist nicht sein. ... Wenn aber der Geist dessen, der Jesus aus den Toten auferweckt hat, in euch wohnt, so wird er, der Christus Jesus aus den Toten auferweckt hat, auch eure sterblichen Leiber lebendig machen wegen seines in euch wohnenden Geistes.

RÖMER 8,9-11

Wir sind der Tempel Gottes, seine Behausung auf der Erde. Hier bei und in uns findet man Gott, hier offenbart er sich. Wir sollen voller

Ehrerbietung sein, eine heilige Stätte, und heilig bedeutet: *geweiht, ausgesondert (für Gott)*.

Wir sind der Tempel des Heiligen Geistes und nicht ein Hotelzimmer, in dem er auf der Durchreise absteigen kann, wenn er denn dafür bezahlt. Wir sind auch nicht sein Gefängnis, in dem er eingesperrt ist, nur selten Besuch haben darf und ab und zu stundenweise aus seiner Zelle herausgelassen wird!

Wir sind die Wohnstätte des Heiligen Geistes. Er ist allerdings nicht Mieter, sondern Eigentümer. Mein Körper gehört nicht mehr mir, und mein Leben gehört mir auch nicht mehr. Der Heilige Geist kann seine Behausung so verändern, wie es ihm gefällt.

Er ist in mir zu Hause und ich möchte, dass er sich dort wohl fühlt. Er soll von mir sagen können: Daheim ist's doch am schönsten!

Wir sind der Tempel Gottes; der Geist Gottes wohnt in uns. Wir sind die Adresse des Heiligen Geistes. Wenn wir wissen wollen, wo er wohnt, müssen wir nicht mehr im Adressbuch suchen; er ist da, er wohnt in uns!

Das griechische Wort *Geist Gottes*, das wir in Römer 8,9 vorfinden, hat einen zweifachen Sinn. Es bedeutet *der Geist, der Gott gehört*, und auch *der Geist, der Gott belebt*. Er ist also ein lebendiger, Leben spendender, schöpferischer Geist, und dieser Geist wohnt in uns! Halleluja!

IM GLAUBEN ERGREIFE ICH DEN GEIST GOTTES, DER MICH BEWOHNT, UND ICH SEHE MICH SELBST ALS SEIN ZUHAUSE AN.

13. DER HEILIGE GEIST, DER MEINEN KÖRPER ZUM TEMPEL ERWÄHLT HAT

Oder wisst ihr nicht, dass euer Leib ein Tempel des Heiligen Geistes in euch ist, den ihr von Gott habt, und dass ihr nicht euch selbst gehört? Denn ihr seid um einen Preis erkauft worden. Verherrlicht nun Gott mit eurem Leib!

1. KORINTHER 6,19-20

Jesus antwortete und sprach zu ihnen: Brecht diesen Tempel ab, und in drei Tagen werde ich ihn aufrichten. Da sprachen die Juden: 46 Jahre ist an diesem Tempel gebaut worden, und du willst ihn in drei Tagen aufrichten? Er aber sprach von dem Tempel seines Leibes.

JOHANNES 2,19-21

Der Gott, der die Welt gemacht hat und alles, was darin ist, er, der Herr des Himmels und der Erde, wohnt nicht in Tempeln, die mit Händen gemacht sind.

APOSTELGESCHICHTE 17,24

Genauso wie Jesu Körper ein Tempel war, so ist es auch der unsere. Jesus war sich dessen bewusst, er lebte diese Realität in vollem Maße aus. Wie sehen wir unseren Körper? Viele von uns müssen hier ihr Denken von Grund auf erneuern. Das sechste Kapitel des ersten Korintherbriefes macht mehrere Aussagen über unseren Körper:

Der Leib aber ist ... für den Herrn und der Herr für den Leib.

1. KORINTHER 6,13

Der Körper ist bei Weitem nicht unser unwichtigster Bestandteil! Der Herr interessiert sich sehr wohl für unseren Körper. Unser Körper muss ihm geweiht sein. Wir haben die Wahl und können ihn als Instrument für die Ungerechtigkeit einsetzen – oder aber für die Gerechtigkeit (Römer 6,13). Je mehr wir diese Realität ausleben – nämlich die, dass *unser Körper für den Herrn* ist –, desto mehr werden wir auch in die andere Realität eintreten: *Der Herr ist für unseren Körper*!

Wisst ihr nicht, dass eure Leiber Glieder Christi sind?

1. KORINTHER 6,15

Wir sind nicht mehr Eigentümer unseres Körpers, denn es steht geschrieben:

Oder wisst ihr nicht, ... dass ihr nicht euch selbst gehört?

1. KORINTHER 6,19

Mit diesem Bewusstsein ist es undenkbar, diesem Körper – der ja Christus gehört – zu schaden, ihm Schmerzen zuzufügen oder ihm für böse Zwecke einzusetzen.

Oder wisst ihr nicht, dass euer Leib ein Tempel des Heiligen Geistes in euch ist, den ihr von Gott habt, und dass ihr nicht euch selbst gehört?

1. KORINTHER 6,19

Unser Körper ist der Tempel des Heiligen Geistes, und wir müssen uns um ihn kümmern und ihm angemessene Pflege zukommen lassen. Wehe dem, der den Tempel verdirbt:

Wenn jemand den Tempel Gottes verdirbt, den wird Gott verderben; denn der Tempel Gottes ist heilig, und der seid ihr.

1. KORINTHER 3,17

Das griechische Verb, das hier mit *verderben* übersetzt wird, kann auch *zerstören* oder *ruinieren* bedeuten. Wenn man den Tempel verschmutzte oder kultisch verunreinigte, etwas darin beschädigte oder wenn er auch nur nicht ordentlich bewacht wurde, sagten die Juden, der Tempel sei *verdorben* oder *zerstört* worden. Heute würden wir das *Schändung* nennen. Alle diese Bilder sind sehr symbolisch!

Unser Körper ist der Tempel, wir sind die Wächter; wir sind also verantwortlich. Wir müssen uns davor hüten, den Tempel zu verunreinigen oder ihn zu beschädigen, denn der Tempel ist heilig und ausgesondert für Gott:

Denn ihr seid um einen Preis erkauft worden. Verherrlicht nun Gott mit eurem Leib!

1. KORINTHER 6,20

Es gibt verschiedene Möglichkeiten, Gott mit (oder in) unserem Leib zu verherrlichen:

- Indem man seinen Körper Gott als lebendiges Opfer hingibt,
- indem man seinen Körper als Werkzeug der Gerechtigkeit hin gibt, um den Willen Gottes zu tun, indem man sich um seinen

Körper kümmert und ihn nicht vernachlässigt;

- und auch eine gute Gesundheit verherrlicht den Schöpfer.

Wir bestehen aus Geist, Seele und Körper – und die sollten im Gleichgewicht sein. Natürlich ist unser Geist sehr wichtig; aber es ist noch lange kein Beweis von „Geistlichkeit", wenn man den Körper vernachlässigt.

Wir sind nicht nur Körper oder nur Seele oder nur Geist – sondern alles zusammen! Diese drei Teile sind miteinander verbunden, da gibt es so etwas wie Brücken oder Schnittstellen. Jeder Teil kann die anderen beiden Teile beeinflussen. Ich bin Ehemann, Vater und Diener Gottes. Diese drei Rollen, diese Anteile meiner selbst sind so verschieden und doch miteinander verbunden, und sie beeinflussen sich gegenseitig. Man könnte mich aufschneiden und versuchen, diese drei Teile voneinander zu trennen – aber das würde keiner ernsthaft versuchen. Jeder weiß: Das geht nicht – weil ich diese drei bin!

IM GLAUBEN ERGREIFE ICH DEN HEILIGEN GEIST, DESSEN TEMPEL ICH BIN. ICH ERGREIFE AUSSERDEM DIE GANZE VERANTWORTUNG, DIE MIR ALS TEMPEL DES HEILIGEN GEISTES OBLIEGT.

14. DER HEILIGE GEIST, DER EWIG BEI UNS UND IN UNS IST

Und ich will den Vater bitten, und er wird euch einen anderen Beistand geben, dass er bei euch bleibt in Ewigkeit.

JOHANNES 14,16 (SCHLACHTER)

Wer aber von dem Wasser trinken wird, das ich ihm geben werde, den wird nicht dürsten in Ewigkeit; sondern das Wasser, das ich ihm geben werde, wird in ihm eine Quelle Wassers werden, das ins ewige Leben quillt.

JOHANNES 4,14

Und ihr? Die Salbung, die ihr von ihm empfangen habt, bleibt in euch.

1. JOHANNES 2,27

Das Wort *bleiben* im ersten und auch im dritten Zitat lässt uns an einen andauernden und stabilen Zustand denken: Der Geist Gottes und seine Salbung sind ewig bei mir und in mir. Selbst wenn ich ihn nicht spüre, bleibt er da!

Der Pegel meines Ölgefäßes ist nicht davon abhängig, wie ich mich gerade fühle; er wird bestimmt von dem, was ich glaube. Und ich glaube, was das Wort Gottes sagt! Ich kann also mit Gewissheit behaupten: Die Salbung verlässt mich nicht!

Wenn ich predige, dann ist er da; wenn ich bete, dann ist er da. Aber er ist auch da, wenn ich sündige; auch wenn ich nicht an ihn denke, ist er da. Ob er da ist oder nicht, das hängt nicht davon ab, was ich gerade tue, sage oder denke. David drückt es so aus:

Wohin sollte ich gehen vor deinem Geist, wohin fliehen vor deinem Angesicht?

PSALM 139,7

Um an seine Gegenwart in mir und bei mir glauben zu können, bedarf es nicht irgendeines Zeichens; *Gott* hat mir sein Wort gegeben. Ich wandle im Glauben und nicht im Schauen – oder in irgendeinem Gefühl. Gefühle lügen oft, aber Gottes Wort nie!

IM GLAUBEN ERGREIFE ICH DEN HEILIGEN GEIST, DER IMMER BEI MIR IST – OB ICH IHN NUN SPÜRE ODER NICHT: ICH KANN MIT SEINER GEGENWART RECHNEN!

15. DER GEIST CHRISTI

Ihr aber seid nicht im Fleisch, sondern im Geist, wenn wirklich Gottes Geist in euch wohnt. Wenn aber jemand Christi Geist nicht hat, der ist nicht sein.

RÖMER 8,9

Oft schon wurde diese Bibelstelle missverstanden. Dann sucht man nach einem Beweis oder zumindest einem starken Anzeichen der Gegenwart des Geistes Gottes in seinem Leben. Kann man nichts feststellen, schließt man daraus, man gehöre wohl doch nicht zu Jesus

Es ist Zeit, diese Stelle richtig zu verstehen: Wir wandeln nicht im Schauen, sondern im Glauben. Wir wandeln nicht aufgrund offensichtlicher, physisch nachweisbarer Beweise. Wir wandeln im Glauben, und der kommt aus dem, was wir hören – aus dem Wort

Gottes! Wir wissen, dass wir Christus gehören, wenn wir uns ihm übergeben haben. Und wenn wir ihm gehören, dann haben wir auch den Geist Christi, ganz gleich, ob wir das nun spüren oder nicht!

Der Geist Christi ist der Geist, der in Jesus war, und durch den er der Gesalbte, der Christus Gottes war. Dieser selbe Geist macht aus mir einen Christen – das heißt wörtlich: einen kleinen Christus. Der Geist Christi – das ist Gott, der sich verleiblicht (also Fleisch wird) in unserem Körper (also in unserm Fleisch). Der Geist Christi – das ist Gott, der in uns und durch uns hindurch lebt und wirkt.

Dieser Geist wird die Natur Christi in uns hervorbringen. Wenn wir den Geist Christi empfangen und ihm vollen Freiraum geben, dann kann er uns von Grund auf verändern. Dann werden wir ausleben können, was Paulus sagte:

Nicht mehr lebe ich, sondern Christus lebt in mir.

GALATER 2,20

Nicht mehr unser eigenes Ich wird dann im Mittelpunkt stehen und unser Denken und Handeln bestimmen, sondern wir werden geleitet von Christus und von seinem Geist. Unsere sündige, gottfeindliche und egozentrische Gesinnung wird mehr und mehr ersetzt durch die Gesinnung Christi in uns.

Der Geist Christi wurde uns nicht gegeben, um zum Superchristen zu mutieren, sondern damit Christus in uns lebt und auch nach außen offenbar wird.

Wenn es ausreichen würde, unserem Ich einen christlichen Anstrich zu verpassen und es zu erziehen, wenn es nur einer geistlichen Weiterentwicklung bedürfte, dann wäre dieses sogenannte Christentum doch immer noch ein Leben aus eigener Kraft, aus dem Fleisch heraus, ein Wandel im Fleisch!

Im Geist zu leben heißt: Wir lassen Christus in uns leben und durch uns handeln. Dann trachten wir danach, in seine Ruhe hineinzukommen. Das ist ein Zustand, wo nicht mehr wir selbst etwas bewirken, sondern Christus in uns.

WEIL ICH GOTT GEHÖRE, HABE ICH DEN GEIST CHRISTI. ICH ERGREIFE ALSO ALLES, WAS DIESER GEIST IN MIR UND DURCH MICH TUN WILL. IM GLAUBEN ERGREIFE ICH DIESEN GEIST, DER MICH IN DIESE REALITÄT EINTRETEN LÄSST: „NICHT MEHR ICH, SONDERN CHRISTUS LEBT IN MIR."

16. DER HEILIGE GEIST, DER UNS CHRISTUS IN UNS ERFAHREN LÄSST

An jenem Tag werdet ihr erkennen, dass ich in meinem Vater bin und ihr in mir und ich in euch.

JOHANNES 14,20

Und wer seine Gebote hält, bleibt in ihm und er in ihm; und hieran erkennen wir, dass er in uns bleibt: durch den Geist, den er uns gegeben hat.

1. JOHANNES 3,24

Von welchem Tag redet Jesus in der ersten Bibelstelle? Der Kontext macht es klar: Es geht um den Tag, an dem die Jünger den Heiligen Geist empfangen würden (Johannes 14,16).

Der Heilige Geist wird uns unter anderem auch dazu gegeben, dass wir Jesus in uns kennenlernen. Wir sollen quasi ganz praktisch erleben und ausprobieren, dass das göttliche Leben in uns fließt – dass wir „bewohnt" sind.

Jesus ist der Weg, die Wahrheit und das Leben. Gott gibt uns nicht einfach nur eine Versicherung, dass wir auf dem guten Weg sind; er vermittelt uns nicht einfach nur eine Kenntnis der Wahrheit. Nein, er offenbart uns den wahren Sinn unseres Lebens. Ein Leben mit Jesus – das bedeutet einfach zu *leben*. Wenn wir mit Jesus leben, lässt er uns alltägliche Erfahrungen machen mit ihm selbst, und zwar in voller Bandbreite.

Der andere Vers aus dem ersten Johannesbrief bestätigt es uns: Dass Gott in uns wohnt, das erkennen (d. h. erleben) wir durch den Geist, den er uns gegeben hat.

CHRISTUS LEBT IN MIR. IM GLAUBEN ERGREIFE ICH DEN HEILIGEN GEIST, DER MIR DIES KLARMACHT UND ES MICH ERLEBEN LÄSST.

17. DER HEILIGE GEIST, DER UNS AN DIE WORTE JESU ERINNERT

Der Beistand aber, der Heilige Geist, den der Vater senden wird in meinem Namen, der wird euch alles lehren und euch an alles erinnern, was ich euch gesagt habe.

JOHANNES 14,26

Eine der Wirkungen des Heiligen Geistes ist, dass er uns an die Worte Jesu erinnert. Das sind natürlich die Worte, die in den Evangelien niedergeschrieben wurden, aber auch alles, was er uns persönlich sagt im Verborgenen. Auch die Worte, die er uns durch die Stimme eines Propheten mitteilt, gehören dazu. An all dies erinnert uns der Heilige Geist.

Natürlich kann der Heilige Geist uns ein Wort Gottes eingeben, das zwar in der Bibel steht, das wir aber nie zuvor gelesen oder gehört haben. Doch diese Verheißung spricht davon, dass er uns an Jesu Worte *erinnert* – und eine Erinnerung setzt immer voraus, dass man es schon einmal wahrgenommen haben muss.

Aus diesem Grund lese ich meine Bibel. Als junger Christ hatte ich das Gefühl, nichts von dem Gelesenen behalten zu können. Aber schon das Lesen des Wortes Gottes an sich ernährt meinen Geist –

und ich lege damit sozusagen einen Vorrat an. Bei Bedarf kann dann der Heilige Geist die Worte hervorholen, die ich gerade brauche und die mir in der konkreten Situation weiterhelfen.

Aus diesem Grund verachte ich auch Prophezeiungen nicht, selbst wenn ich gerade nichts damit anfangen kann. Ich prüfe sie und schreibe auf, was ich gehört habe, denn ich will keines der Worte des Herrn zu Boden fallen lassen. Wenn der Heilige Geist mich dann an solche prophetischen Worte erinnert, tut er es immer genau rechtzeitig!

IM GLAUBEN ERGREIFE ICH DEN HEILIGEN GEIST, DER MICH IM RICHTIGEN AUGENBLICK AN DIE WORTE JESU ERINNERT.

18. DER HEILIGE GEIST, DER UNS ALLES LEHRT

Der Beistand aber, der Heilige Geist, den der Vater senden wird in meinem Namen, der wird euch alles lehren und euch an alles erinnern, was ich euch gesagt habe.

JOHANNES 14,26

Und ihr? Die Salbung, die ihr von ihm empfangen habt, bleibt in euch, und ihr habt nicht nötig, dass euch jemand belehre, sondern wie seine Salbung euch über alles belehrt, so ist es auch wahr und keine Lüge. Und wie sie euch belehrt hat, so bleibt in ihm!

1. JOHANNES 2,27

Davon reden wir auch, nicht in Worten, gelehrt durch menschliche Weisheit, sondern in Worten, gelehrt durch den Geist, indem wir Geistliches durch Geistliches deuten.

1. KORINTHER 2,13

Es steht geschrieben, dass der Heilige Geist uns lehrt. Er ist also unser Hauptlehrer in den sogenannten geistlichen Fächern, wie „Gebet" oder „Bibelstudium". Wer könnte uns besser im Wort Gottes unterrichten als der, der es eingegeben hat? Wer könnte uns besser Gebet beibringen als der, der unsere Bitten inspiriert (Römer 8,26)?

Jesus sagte, der Heilige Geist würde uns *alles* lehren. Der Heilige Geist ist also kein Fachidiot. Er ist nicht nur unser Privatlehrer in Sachen Bibel oder Religion. Natürlich kann er uns all das lehren, und das sind sehr wertvolle Fächer! Und natürlich ist er darin exzellent, und dieser Unterricht ist sehr kostbar!

Der Heilige Geist vermittelt mir auch lebenspraktisches Wissen und Weisheit, mein Leben richtig zu gestalten. Er bringt mir bei, zu Hause, am Arbeitsplatz oder in der Gemeinde richtig zu leben; er lehrt mich, ein guter Ehepartner zu sein, ein guter Vater (oder eine gute Mutter), ein guter Nachbar, ein guter Bürger, ein guter Mitarbeiter und Kollege, ein guter Bruder. Er kann mir auch beibringen, meine Zeit besser einzuteilen.

Die Liste ist unendlich: Er kann mich wirklich alles lehren! Der Heilige Geist kann uns sogar Fremdsprachen beibringen und uns zu guten Erziehern machen, er kennt sich aus mit Autos, mit Computern, beim Hausbau, im Garten und in der Küche!

Das ist ein unerhörtes Vorrecht: Wir haben Zugang zu einer unerschöpflichen Wissensquelle.

IM GLAUBEN ERGREIFE ICH DEN HEILIGEN GEIST, DER MICH ALLES LEHRT UND DER MIR JEDERZEIT GENAU DAS WISSEN GEBEN KANN, DAS ICH GERADE BENÖTIGE.

19. DER HEILIGE GEIST, DER DIE LEHRE JESU VERVOLLSTÄNDIGT

Noch vieles habe ich euch zu sagen, aber ihr könnt es jetzt nicht tragen. Wenn aber jener, der Geist der Wahrheit, gekommen ist, wird er euch in die ganze Wahrheit leiten; denn er wird nicht aus sich selbst reden, sondern was er hören wird, wird er reden, und das Kommende wird er euch verkündigen. Er wird mich verherrlichen, denn von dem Meinen wird er nehmen und euch verkündigen. Alles, was der Vater hat, ist mein; darum sagte ich, dass er von dem Meinen nimmt und euch verkündigen wird.

JOHANNES 16,12-15

„*Wenn aber*" – dieser Übergang setzt einen wichtigen Akzent. Leider ist er nicht in jeder Bibelübersetzung so deutlich. Die ersten beiden Sätze gehören untrennbar zusammen!

Jesus hatte noch vieles zu sagen, aber seine Jünger waren nicht bereit oder fähig, es aufzunehmen. Daher kündigte Jesus ihnen an, dass der Heilige Geist kommen und ihnen das beibringen würde, was sie eigentlich noch wissen müssten. Diese Bibelstelle zeigt uns mindestens vier wichtige Wahrheiten:

- *Die Jünger waren noch nicht fähig, bestimmte Wahrheiten zu hören*; das Kommen des Heiligen Geistes befähigt sie dazu.

- *Jesus hatte nicht die Zeit, alles zu sagen*; der Heilige Geist aber führt die Lehre fort, sobald er die Jünger fähig gemacht hat, zu hören.

- *Die Wahrheit, in die der Heilige Geist uns leiten wird*, wird Jesus verherrlichen und leitet uns direkt zu ihm.

- *Der Heilige Geist wird auch zukünftige Dinge verkündigen*: Die Lehre, die Jesus begonnen hat, wird durch den Geist vervoll ständigt. Lies dazu diese Worte Jesu:

Jetzt aber sucht ihr mich zu töten, einen Menschen, der ich euch die Wahrheit gesagt habe, die ich von Gott gehört habe.

JOHANNES 8,40

- Jesus brachte uns die Wahrheit; der Heilige Geist wird uns „in die ganze Wahrheit leiten".

- Jesus sprach nicht über sich selber; der Heilige Geist „wird nicht aus sich selbst reden".

- Jesus sagte, was er von Gott gehört hatte; der Heilige Geist wird „alles reden, was er hört".

Der Heilige Geist ist für uns das, was Jesus während seines Dienstes auf der Erde für die zwölf Jünger war.

Der Heilige Geist wird uns nicht nur an alles erinnern, was Jesus gesagt hat, sondern er wird seine Lehre auch vervollständigen.

IM GLAUBEN ERGREIFE ICH DEN HEILIGEN GEIST, DER MICH FÄHIG MACHT, MEHR ZU LERNEN UND DER MIR DIESEN WERTVOLLEN SCHATZ MITTEILT. IM GLAUBEN ERGREIFE ICH DEN HEILIGEN GEIST, DER MIR ALLES VERKÜNDIGEN WIRD, WAS JESUS GEHÖRT UND WAS IHN AUSMACHT.

20. DER GEIST DER WAHRHEIT

Den Geist der Wahrheit, den die Welt nicht empfangen kann, weil sie ihn nicht sieht noch ihn kennt. Ihr kennt ihn, denn er bleibt bei euch und wird in euch sein.

JOHANNES 14,17

Wenn aber jener, der Geist der Wahrheit, gekommen ist, wird er euch in die ganze Wahrheit leiten; denn er wird nicht aus sich selbst reden, sondern was er hören wird, wird er reden, und das Kommende wird er euch verkündigen.

JOHANNES 16,13

„Was ist Wahrheit?" Dies ist wohl die wichtigste Frage, die Pontius Pilatus jemals stellte.

Jesus sagte: *„Ich bin die Wahrheit"* und zeigte damit, dass die Wahrheit mehr ist als nur die Summe richtiger Antworten. Wahrheit ist nicht etwas, das man hat; Wahrheit bedeutet im Grunde und vor allem, *dass wir sein müssen*.

Die Wahrheit ist Geist, sie ist Leben. Dieser Geist, dieses Leben ist der einzige Weg zum Vater.

„Ich bin ... die Wahrheit ... Niemand kommt zum Vater als durch nur mich."

JOHANNES 14,6

Errettet zu sein bedeutet nicht, jetzt die volle Wahrheit zu besitzen, sondern wahr zu *werden*. Gott will uns nicht einfach informieren – er will uns transformieren. Er möchte uns nicht einfach nur mit Wahrheiten anfüllen, sondern er will uns wahr machen. Genau dazu wird uns der Geist der Wahrheit gegeben.

Wir können damit leben, wenn jemand „eine Wahrheit" verkündet – aber wenn nun ein Mensch von sich behauptet: „Ich bin *die* Wahrheit!" – was dann? Wir alle glauben, zumindest einige Wahrheiten zu kennen (sonst würden wir verrückt vor Misstrauen, Angst und Kontrollzwängen); aber wenn irgendein Mensch vorgeben würde, die Wahrheit zu *sein*, wenn wir gar einer solchen Person begegnen würden – undenkbar!

Wir sind echte Meister, wenn es darum geht, etwas zu haben oder etwas zu tun. Darum geht es letztlich in allen menschlichen Religionen – um Tun und um den Erwerb irgendwelcher Verdienste. Wir wissen, wie wir immer mehr Gedanken und Wissen ansammeln und so unsere persönliche Wahrheit ausbauen können. Aber wer an Jesus Christus glaubt und von Neuem geboren ist, wird sich vor allem danach sehnen, zu sein – und weniger danach, etwas zu tun oder etwas zu erwerben.

Wir streben danach, die Wahrheit zu besitzen, während Gott uns wahr machen will. Das ist ein fundamentaler Unterschied! Diese beiden Bestrebungen bringen zwei komplett verschiedene Menschen hervor, sie bewirken ganz unterschiedliche, ja einander entgegengesetzte Ergebnisse.

Wie werden wir wahr? Indem wir genügend Wahrheiten aufhäufen und von uns geben? Nein, das wäre Selbstbetrug! Die Wahrheit geht weit über alle Worte hinaus. Wenn Jesus in uns lebt und wenn er die Wahrheit ist, dann müssen auch wir Wahrheit sein, also Wahrheit leben. Natürlich hört man zuerst unsere Worte, und die sollten wahr sein; aber wenn unser Leben nicht mit unseren Worten übereinstimmt, dann sind all unsere noch so wahren Behauptungen vergeblich, wenn nicht sogar kontraproduktiv!

Der Geist der Wahrheit. Wenn wir die Wahrheit verstehen als einen Geist, in dem wir wandeln sollen, wird diese Sicht uns verändern. Auch unsere Sicht von Gemeinde wird sich dann ändern. Solange *die Wahrheit* lediglich eine Summe von Wahrheiten ist, die man sich eben verstandesmäßig aneignen muss, dann ist auch die Gemeinde lediglich eine Summe von Individuen, die alle mit ihrem Verstand dieselben Wahrheiten festhalten und aussprechen (oder eben das, was sie für wahr halten gemäß ihrer Erkenntnis des Wortes Gottes).

Folglich wäre eine Gemeinde dann insofern in der Wahrheit, wie sie „richtige" Lehrmeinungen verkündet. Aber wir haben gesehen, dass die Wahrheit mehr ist als eine bloße Doktrin. Um wahr zu sein, muss die Gemeinde (und das bedeutet: auch jeder Einzelne in der Gemeinde) in dem wandeln, der die Wahrheit ist.

Eine Gemeinde kann nicht in einem besseren geistlichen Zustand sein als ihre Glieder. Wie könnten unsere Beziehungen auch wahrer sein als wir selbst es sind?

IM GLAUBEN ERGREIFE ICH DEN GEIST DER WAHRHEIT, DER MICH DAZU FÜHREN WIRD, WAHR ZU SEIN.

21. DER GEIST, DER UNS IN DIE GANZE WAHRHEIT LEITET

Wenn aber jener, der Geist der Wahrheit, gekommen ist, ***wird er euch in die ganze Wahrheit leiten;*** *denn er wird nicht aus sich selbst reden, sondern was er hören wird, wird er reden.*

JOHANNES 16,13

Was ist das, „die ganze Wahrheit"? Wenn wir diese Rede Jesu im Zusammenhang betrachten, können wir seinen Gedankengang erkennen. *"Die* ***ganze*** *Wahrheit"* – das ist all das, das er noch zu sagen gehabt hätte, aber die Jünger konnten es nicht aufnehmen (Vers 12). Jesu Wort ist die Wahrheit. Aber Jesus hat seine Unterweisung noch nicht abgeschlossen. Bis zu seiner Wiederkunft wird er uns lehren, und zwar durch verschiedene Kanäle. Er lehrt uns durch die Wege, die sein Geist uns leitet, und durch all das, was Gott heute noch seinem Volk verkündigt. Auch nach der Auffahrt Jesu fährt er fort, uns seine Wahrheit zu lehren.

Genauso wie Jesus sich mit seinen Jüngern unterhielt und ihnen das Königreich Gottes erklärte, so unterweist er uns auch heute noch – schrittweise, so wie wir es eben aufnehmen können.

Manche denken, die letzten Worte Jesu am Kreuz „Es ist vollbracht" bedeuteten, dass Gott uns nichts Neues mehr mitzuteilen hätte, seit das Neue Testament fertiggestellt wurde. Aber das stimmt so nicht ganz. Bis zur Wiederkunft Christi wird der Heilige Geist fortfahren, uns zu leiten und seine Gemeinde zu bauen, damit sie vor ihm erscheinen kann (Epheser 5,27).

Der Heilige Geist spricht nicht über sich selber; er wiederholt nur die Worte, die er gehört hat. Das bedeutet nicht, dass er nicht fähig wäre, eine eigene Botschaft zu bringen. Aber die Dreieinigkeit handelt immer in gegenseitiger Übereinstimmung. In seiner Rolle als Kommunikator strebt der Heilige Geist nicht danach, sich vorzudrängeln. Er tritt zurück hinter der Botschaft, die er im Namen der Dreieinigkeit vermittelt. Sein einziges Ziel ist es, Christus zu verherrlichen.

Durch den Glauben können wir den Geist empfangen, durch den Jesus immer noch zu uns redet und uns lehrt. Er wird nicht zulassen, dass wir in Irrtümer abschweifen: Der Heilige Geist hat die Schrift inspiriert –ganz bestimmt weiß er, was der Vater sagen wollte, und er ist auch fähig, uns das zu vermitteln.

Der Heilige Geist wird auch unser Leben leiten: Weil er uns in alle Wahrheit leitet, die wir brauchen, können wir auch uns selbst im rechten Licht sehen.

Die Wurzel des griechischen Wortes für Wahrheit (*aletheia*) bedeutet auch *real*. Der Geist der Wahrheit lässt uns nicht in eine virtuelle Phantasiewelt abgleiten, sondern leitet uns in die Realität der geistlichen Welt.

IM GLAUBEN ERGREIFE ICH DEN HEILIGEN GEIST, DER MICH IN DIE GANZE WAHRHEIT LEITET, DIE IM WORT GOTTES ENTHALTEN IST. ER WIRD MICH AUCH IN DIE GANZE REALITÄT LEITEN; ER LÄSST MICH NICHT IN EINER BETRÜGERISCHEN SCHEINWELT STECKEN.

22. DER HEILIGE GEIST VERKÜNDET DAS KOMMENDE

Wenn aber jener, der Geist der Wahrheit, gekommen ist, wird er euch in die ganze Wahrheit leiten; ... und das Kommende wird er euch verkündigen.

JOHANNES 16,13

Jesus sagte uns, dass der Heilige Geist uns das Kommende verkündigen würde. Damit meint er all das, das er seinen Jüngern noch nicht mitteilen konnte (Vers 12). Das betrifft sowohl künftige Ereignisse auf der Erde als auch Ereignisse in unserem persönlichen Leben. Der Heilige Geist ist der Geist Gottes. Gott sagt eine Sache, und sie existiert. Er ruft, und es kommt herbei. Gott ist der Einzige, der etwas sagen kann, noch bevor es sich ereignet. Und durch seinen Geist kann er uns dieses Wissen mitteilen, wenn es ihm gefällt. Wenn er uns das Kommende offenbart, dann nicht, damit wir Vorhersagen machen können. Seine Motivation ist, uns zu warnen und uns zur Vorbereitung auf die angekündigten Ereignisse anzuregen.

Manchmal kündigt der Heilige Geist uns auch künftige Dinge an, aber er liefert keine detaillierten Handlungsanweisungen mit. Um richtig zu reagieren, müssen wir in der Abhängigkeit vom Herrn bleiben; einfach nur das Kommende zu wissen, reicht nicht aus!

Der Heilige Geist kann auch Dinge ankündigen, die uns negativ scheinen: Paulus wurde von dem Propheten Agabus gewarnt, dass er gebunden werden würde. Hätte Paulus seine Reise lieber abbrechen sollen? Nein. Diese Verkündigung von dem, was kommen würde, sollte ihn gewiss machen, dass Gott alles in der Hand hatte.

IM GLAUBEN ERGREIFE ICH DIESEN GEIST, DER WIE EIN WACHPOSTEN FÜR MICH AUSSCHAU HÄLT UND MICH AUCH DAS KÜNFTIGE WISSEN LÄSST, WENN ES GUT FÜR MICH IST. ICH WERDE ALSO AUFMERKSAM SEIN.

23. DER HEILIGE GEIST, DER DIE WELT ÜBERFÜHRT

Und wenn er gekommen ist, wird er die Welt überführen ...

JOHANNES 16,8-11

Gerade noch hatte Jesus davon gesprochen, dass er seinen Geist zu seinen Jüngern senden würde. Doch nun kam ein neuer Aspekt dazu – der Heilige Geist hat auch einen Dienst an der Welt: Er wird die Welt überführen.

Aber steht nicht in Johannes 14,17, der Heilige Geist sei „der Geist der Wahrheit, den die Welt nicht empfangen kann, weil sie ihn nicht sieht noch ihn kennt"?

WIE PASST DAS ZUSAMMEN? VIELLEICHT SO:
Jesus sandte seinen Jüngern den Heiligen Geist. Der Heilige Geist will die Welt überführen, aber die Welt kann den Geist nicht empfangen. Also muss er einen Umweg nehmen über die, die ihn aufgenommen haben und die noch in der Welt sind, ohne dabei von der Welt zu sein – also die Jünger Jesu.

SCHLUSSFOLGERUNG:

Der Heilige Geist wird seinen Dienst an der Welt ausführen und zwar durch die Jünger, die ihn empfangen haben. Die Welt zu überführen bedeutet, dass dieser Dienst sich auf alle Schöpfung erstreckt – ohne Ausnahme. Niemand ist ausgenommen, für den Heiligen Geist gibt es keine hoffnungslosen Fälle.

EINE WEITERE GUTE NACHRICHT:

Nicht uns hat Jesus beauftragt, die Welt zu überführen. Das ist das Werk des Heiligen Geistes und er macht es viel besser als wir. Versuchen wir also nicht, ihm ins Handwerk zu pfuschen.

WAS BLEIBT DANN FÜR UNS?

Gute Kanäle des Heiligen Geistes zu sein, damit er in die Welt hineinwirken kann.

IM GLAUBEN ERGREIFE ICH DEN HEILIGEN GEIST, DER DIE WELT ÜBERFÜHREN WIRD. ICH WERDE IHN MACHEN LASSEN UND ICH WERDE NICHT VERSUCHEN, IHM VORZUGREIFEN.

24. DER HEILIGE GEIST, DER VON SÜNDE ÜBERFÜHRT

Und wenn er gekommen ist, wird er die Welt überführen von Sünde und von Gerechtigkeit und von Gericht. Von Sünde, weil sie nicht an mich glauben; von Gerechtigkeit aber, weil ich zum Vater gehe und ihr mich nicht mehr seht; von Gericht aber, weil der Fürst dieser Welt gerichtet ist.

JOHANNES 16,8-11

Der Heilige Geist wird die Welt überführen, das heißt: alle Menschen.

Überführen bedeutet auch: *überzeugen, beweisen, vorführen*.

Der Glaube ist ein Überführtsein von Dingen, die man nicht sieht (Hebräer 11,1). Die Einheitsübersetzung formuliert: „Glaube ist ein Überzeugtsein von Dingen, die man nicht sieht." Der Heilige Geist wird mir die Augen öffnen und mir etwas veranschaulichen. Das, was er mir aufzeigt und wovon er in mir zeugt, wird mich überzeugen. Das heißt, es wird in mir konkreten Glauben erzeugen.

Überführung von Sünde – von welcher Sünde? „Weil sie nicht an mich glauben." Nicht an Christus zu glauben ist *die* Wurzel der Sünde. Hier haben alle anderen Sünden sozusagen ihren Ursprung.

Überführung von Sünde – das erlebt man. Überführung geschieht nicht durch Schlussfolgerungen des Verstandes. Der Heilige Geist macht es einem Menschen absolut klar, dass er gesündigt hat – da gibt es dann nichts mehr zu deuteln. Die Sünde in uns wird offenbar.

ÜBERFÜHRUNG VON SÜNDE – WIE GESCHIEHT DAS?

- Die erste, grundsätzliche Überführung von Sünde lässt uns erkennen, wie unrein wir vor Gott sind und dass wir Errettung brauchen.

- Die Überführung von Sünde im alltäglichen Leben als Christ erleben wir, wenn wir gesündigt haben. Dann bekennen wir unsere Sünden dem Herrn. Bekennen im Neuen Testament bedeutet übereinstimmen oder dasselbe sagen. Wenn wir unsere Sünden bekennen, stimmen wir damit dem Heiligen Geist zu, wenn er uns sagt: „Du hast gesündigt!" Wir empfangen Vergebung und Reinigung:

Wenn wir unsere Sünden bekennen, ist er treu und gerecht, dass er uns die Sünden vergibt und uns reinigt von jeder Ungerechtigkeit.

1. JOHANNES 1,9

- *Die Überführung von Sünde in unserer Natur*, d.h. von der uns innewohnenden Sünde hilft uns, unser stolzes, selbstgerechtes Fleisch zu kreuzigen. Die Erkenntnis, dass in unserem Fleisch nichts Gutes wohnt (Römer 7,18), öffnet uns die Augen für unsere geistliche Armut. Sie macht uns abhängig von Gott und von seiner Gnade. Diese Offenbarung macht uns außerdem barmherziger gegenüber anderen, und wir werden sehr vorsichtig, andere zu verurteilen.

IM GLAUBEN ERGREIFE ICH DEN HEILIGEN GEIST, DER MICH VON MEINER SÜNDE ÜBERFÜHRT.

25. DER HEILIGE GEIST, DER VON GERECHTIGKEIT ÜBERFÜHRT

Und wenn er gekommen ist, wird er die Welt überführen von Sünde und von Gerechtigkeit und von Gericht. Von Sünde, weil sie nicht an mich glauben; von Gerechtigkeit aber, weil ich zum Vater gehe und ihr mich nicht mehr seht; von Gericht aber, weil der Fürst dieser Welt gerichtet ist.

JOHANNES 16,8-11

Er wird die Welt überführen, das heißt, die ganze Menschheit.

Überführen bedeutet auch *überzeugen, beweisen, vorführen*. Der Glaube ist ein Überführtsein von Dingen, die man nicht sieht (Hebräer 11,1). Die Einheitsübersetzung formuliert: „Glaube ist ein Überzeugtsein von Dingen, die man nicht sieht." Der Heilige Geist wird mir die Augen öffnen und mir etwas veranschaulichen. Das, was er mir aufzeigt und wovon er in mir zeugt, wird mich überzeugen. Das heißt, es wird in mir konkreten Glauben erzeugen.

Überführung von Gerechtigkeit – weil Jesus zum Vater geht: Er ist auferstanden für unsere Gerechtigkeit. Genauso wie wir die Überführung von Sünde nicht gedanklich vollziehen, sondern sie erleben, müssen wir auch überführt werden von der Gerechtigkeit. Jesus sagte: „Er wird euch von Gerechtigkeit überführen, weil ich zum Vater gehe".

Paulus sagt in Römer 4,25, dass Christus für unsere Gerechtigkeit auferstanden ist (oder zu unserer Rechtfertigung). Jesus ging zum Vater zurück, weil sein Opfer akzeptiert worden war. Er ist auferstanden! Das ist sozusagen seine Gegenleistung für unsere Gerechtigkeit.

Ich erlebe es in meinem eigenen Leben, wie der Heilige Geist mich von meiner Gerechtigkeit überführt. Hier geht es nicht einfach nur um eine gedankliche Zustimmung zu einer Lehre. Vielmehr handelt es sich dabei um ein inneres unumstößliches Bewusstsein, eine innere Überzeugung: Wir erleben Gerechtigkeit.

So kann ich vor Gott treten, bekleidet mit seiner Gerechtigkeit. Ich empfange die Identität eines Gerechten, die mir Sicherheit, Freimütigkeit und Zuversicht gibt.

Ich bin mir meiner geistlichen Armut weiterhin bewusst; aber diese Offenbarung lässt keinen Raum mehr für die Anklagen.

IM GLAUBEN ERGREIFE ICH DEN HEILIGEN GEIST, DER MIR DIE GERECHTIGKEIT GOTTES OFFENBART. ER ÜBERZEUGT MICH DAVON, DASS ICH GERECHT GEMACHT BIN, UND ZWAR NICHT AUFGRUND MEINER EIGENEN VERDIENSTE, SONDERN AUFGRUND DES WERKES JESU.

26. DER HEILIGE GEIST, DER VON GERICHT ÜBERFÜHRT

Und wenn er gekommen ist, wird er die Welt überführen von Sünde und von Gerechtigkeit und von Gericht. Von Sünde, weil sie nicht an mich glauben; von Gerechtigkeit aber, weil ich zum Vater gehe und ihr mich nicht mehr seht; von Gericht aber, weil der Fürst dieser Welt gerichtet ist.

JOHANNES 16,8-11

Er wird die Welt überführen, das heißt, alle Menschen.

Überführen bedeutet auch *überzeugen, beweisen, vorführen*. Der Glaube ist ein Überführtsein von Dingen, die man nicht sieht (Hebräer 11,1). Die Einheitsübersetzung formuliert: „Glaube ist ein Überzeugtsein von Dingen, die man nicht sieht." Der Heilige Geist wird mir die Augen öffnen und mir etwas veranschaulichen. Das, was er mir aufzeigt und wovon er in mir zeugt, wird mich über-zeugen. Das heißt, es wird in mir konkreten Glauben erzeugen.

Gericht – dieses Wort lässt viele zusammenzucken. Aber schauen wir noch einmal genau hin. Wer wird hier gerichtet? Nicht wir Christen, auch nicht die Ungläubigen. Jesus redet hier vom Gericht über Satan, den Fürsten dieser Welt.

Der Geist Gottes erinnert mich immer wieder daran, dass der Fürst dieser Welt bereits gerichtet ist. Immer wieder belebt er diese unumstößliche Überzeugung in mir – und ich bin ihm dankbar für diesen seinen Dienst.

Genauso wie Gott von Sünde und von Gerechtigkeit überführt, weckt er in uns auch eine Überführung von Gericht. Wie bei den ersten beiden Überführungen geht es auch hier nicht nur um ein bloßes Wissen. Die Frucht dieser Überführung ist die feste Zuversicht, dass der Teufel gerichtet ist und dass ich beauftragt und bevollmächtigt bin, im Gebet die Urteilssprüche Gottes in Kraft zu setzen. Das ermöglicht mir, angesichts der Werke des Bösen im Glauben vorwärtszugehen und zu handeln.

Angesichts eines Werkes des Teufels brauche ich mich nicht mehr bange zu fragen, ob ich mich nicht lieber still verdrücken soll; Gott hat mir Auftrag und Vollmacht gegeben:

Die Frommen sollen jubeln in Herrlichkeit, jauchzen sollen sie auf ihren Lagern! Lobpreis Gottes sei in ihrer Kehle und ein zweischneidiges Schwert in ihrer Hand, um Rache zu vollziehen an den Nationen, Strafgerichte an den Völkerschaften, um ihre Könige zu binden mit Ketten, ihre Edlen mit eisernen Fesseln, um das schon aufgeschriebene Gericht an ihnen zu vollziehen! Das ist Ehre für alle seine Frommen. Halleluja!

PSALM 149,5-9

IM GLAUBEN ERGREIFE ICH DEN HEILIGEN GEIST, DER MIR OFFENBART UND MICH DAVON ÜBERZEUGT, DASS DER FÜRST DIESER WELT BEREITS GERICHTET IST. ER ERINNERT MICH, DASS ICH BEAUFTRAGT UND BEVOLLMÄCHTIGT BIN, DEN URTEILSSPRUCH GOTTES ÜBER SATAN ZU VOLLZIEHEN UND SEINE WERKE ZU ZERSTÖREN. DIESES HERRLICHE VORRECHT GILT ALLEN SEINEN HEILIGEN.

27. DER HEILIGE GEIST, DURCH DEN WIR GOTT ALS UNSEREN VATER ERKENNEN

Denn ihr habt nicht einen Geist der Knechtschaft empfangen, wieder zur Furcht, sondern einen Geist der Sohnschaft habt ihr empfangen, in dem wir rufen: Abba, Vater! Der Geist selbst bezeugt zusammen mit unserem Geist, dass wir Kinder Gottes sind.

RÖMER 8,15-16

Weil ihr aber Söhne seid, sandte Gott den Geist seines Sohnes in unsere Herzen, der da ruft: Abba, Vater!

GALATER 4,6

Der Heilige Geist bewirkt, dass wir Gott erkennen und annehmen können als unseren Vater. Damit haben manche Leute große Probleme, wenn sie mit ihrem eigenen Vater schlechte Erfahrungen machen mussten. Nun übertragen sie ihre Erfahrungen auf Gott. Doch diese Schlussfolgerung ist ein Irrtum!

Jeder von uns hat einen Vater. Er war da oder auch nicht, lebendig oder verstorben, ein Adoptiv- oder Pflegevater oder unser leiblicher Vater; er hat uns Gutes getan oder aber uns tief verletzt ...

Egal, welche Erfahrungen oder Nicht-Erfahrungen wir mit unserem irdischen Vater gemacht haben: Wir alle wissen, wie ein perfekter Vater sein müsste. Aber glaube mir, unser himmlischer Vater übertrifft alle unsere kühnsten Erwartungen an einen perfekten Vater bei Weitem! Keine noch so starke Vorstellungskraft kann uns ein zutreffendes Bild liefern von unserem wunderbaren Vater im Himmel.

Wenn nun ihr, die ihr böse seid, euren Kindern gute Gaben zu geben wisst, wie viel mehr wird euer Vater, der in den Himmeln ist, Gutes geben denen, die ihn bitten!

MATTHÄUS 7,11

IM GLAUBEN ERGREIFE ICH DEN HEILIGEN GEIST, DURCH DEN GOTT ALS MEINEN VATER ERKENNE. ICH WENDE MICH AB VON MEINEN MENSCHLICHEN ERFAHRUNGEN UND VORSTELLUNGEN UND ÖFFNE MICH FÜR DIESE OFFENBARUNG.

28. DER GEIST, DER MICH ZUM SOHN MACHT

Denn ihr habt nicht einen Geist der Knechtschaft empfangen, wieder zur Furcht, sondern einen Geist der Sohnschaft habt ihr empfangen, in dem wir rufen: Abba, Vater!

RÖMER 8,15

Das griechische Wort für Sohnschaft enthält neben der Bedeutung der *Adoption* sowohl das Wort *Sohn* als auch das Wort *setzen*. Es kann auch mit *Einsetzung von Söhnen* übersetzt werden. Hier geht es also nicht nur nicht um Adoption, bei der ein fremdes Kind in eine Familie aufgenommen wird. Nun, auch das ist eine wunderschöne Vorstellung: Gott hat uns unwiderruflich und vollständig in seine Familie aufgenommen. Aber wir sind nicht nur adoptiert; wir sind von Neuem geboren in die Familie Gottes hinein, wir sind geboren von oben her. So sagt es das Wort Gottes. Wir sind Gottes eigene Kinder, wir tragen sein Erbgut in uns!

Im Griechischen gibt es drei Wörter für Sohn:

- *teknion* (für einen Neugeborenen)
- *teknon* (für einen Heranwachsenden oder jungen Erwachsenen, dem man aber noch nicht die volle Verantwortung übertragen hat)
- *huios* (Im Zusammenhang mit Psalm 2,7 wird dieses Wort auch so verstanden, dass der „eingesetzte" Sohn Verantwortung übernimmt und *seinen Vater vertreten kann.*)

In der Welt des Neuen Testaments wurde ein Sohn erst dann *huios* genannt, nachdem der Vater ihn öffentlich als Sohn anerkannt und als seinen Bevollmächtigten eingesetzt hatte.

Paulus spielt darauf an:

Ich sage aber: Solange der Erbe unmündig ist, unterscheidet er sich in nichts von einem Sklaven, obwohl er Herr über alles ist; sondern er ist unter Vormündern und Verwaltern bis zu der vom Vater festgesetzten Frist.

GALATER 4,1-2

Jesus erlebte diese öffentliche Anerkennung als Sohn bei seiner Taufe. Damals rief der Vater öffentlich über ihm aus:

Dieser ist mein Sohn (huios).

MATTHÄUS 3,17

Gemäß Johannes 1,12 werden wir seit der Wiedergeburt „Kinder" (*teknon*) Gottes genannt. Den Zustand des „Sohnes" erreichen wir erst später, auf unserem Weg der Heiligung.

Römer 8,14 bestätigt das:

Denn so viele durch den Geist Gottes geleitet werden, die sind Söhne (huios) Gottes.

Es ist leider so, dass nicht alle Kinder Gottes sich auch durch den Geist Gottes leiten lassen! Wir müssen akzeptieren, dass es einen Unterschied gibt zwischen Kindern und Söhnen Gottes. Nicht alle Kinder Gottes sind auch Söhne Gottes, aber alle können es werden. Sohn, das ist der Status eines Kindes, das zur vollen Mannesreife herangewachsen ist; dieser Status wird ihm vom Vater verliehen.

Wenn hier von Söhnen die Rede ist, soll sich niemand ausgeschlossen fühlen – in Christus gibt es weder Mann noch Frau (Galater 3,28). Der Geist der Sohnschaft gilt sowohl Brüdern als auch Schwestern ohne Unterschied!

ALS KIND GOTTES ERGREIFE ICH DURCH DEN GLAUBEN DIESEN GEIST, DER ZU DER VOM VATER FESTGESETZTEN ZEIT MICH ALS BEVOLLMÄCHTIGTEN SOHN EINSETZEN WIRD. ER WIRD MICH FÖRDERN UND MIR HELFEN, ZUR MANNESREIFE EINES SOHNES HINZUGELANGEN.

29. DER GEIST SEINES SOHNES

Weil ihr aber Söhne seid, sandte Gott den Geist seines Sohnes in unsere Herzen, der da ruft: Abba, Vater!

GALATER 4,6

Wenn man den Geist seines Sohnes empfangen hat, dann hat man den Geist empfangen, der uns als Söhne handeln lässt. Dieser Geist macht uns zu Söhnen. Ist Gott einfach dein *Gott* – oder ist er dein Vater? Das ist ein gewaltiger Unterschied!

Ein Sohn betet anders als ein Gläubiger, der seine Abstammung nicht kennt: Er redet mit seinem Vater, er schüttet vor seinem Vater sein Herz aus, er bittet seinen Vater. Ein Sohn engagiert sich im Geschäft seines Vaters, als wäre es sein eigenes. Ein Sohn weiß, dass er Erbe seines Vaters ist, denn er hörte ihn sagen: „Alles, was mein ist, ist dein" (Lukas 15,31; vgl. Johannes 17,10).

Ein Sohn handelt nicht wie ein Diener, sondern als der Sohn, der er ist. Wenn der Vater ihn sendet, dann repräsentiert er seinen Vater, er handelt an der Stelle seines Vaters. Er lebt im Haus seines Vaters, hier ist er ganz daheim. Jeden Tag lebt, isst und arbeitet er mit seinem Vater.

Lesen wir noch einmal sorgfältig den Vers am Anfang dieses Kapitels: Es ist der Heilige Geist, der in uns ruft. Wir sind im Geist des Sohnes getauft, und wenn wir diesem Geist Raum geben, dann rufen wir mit ihm: „Abba, Vater!"

Abba bedeutet *Papa*. Es ist ein Begriff voller Zuneigung. Aus dem Überfluss des Herzens spricht der Mund. Das heißt, dass es ein Überfluss an Zuneigung ist, der uns zu Gott rufen lässt: „Papa!"

IM GLAUBEN ERGREIFE ICH DIESEN GEIST, DER IN MEIN HERZ GESANDT IST UND DER RUFT: „ABBA, VATER!"

30. DER HEILIGE GEIST, UNSERE BEKLEIDUNG

Und siehe, ich sende die Verheißung meines Vaters auf euch. Ihr aber, bleibt in der Stadt, ***bis ihr bekleidet werdet mit Kraft aus der Höhe****!*

LUKAS 24,49

Der Heilige Geist, der auf uns gesandt ist, ist für uns wie eine Bekleidung: Er ist ein Gewand, damit wir nicht nackt befunden werden vor Gott. Wehe denen, die wie Adam versuchen, sich selbst mit eigenen Mitteln ein Kleidungsstück herzustellen! Das Gewand des Heiligen Geistes lässt keine Fälschung durchgehen.

Samuels Mutter brachte ihrem Sohn jedes Jahr ein neues Kleid. Genauso wird der Heilige Geist für uns ein maßgeschneidertes Gewand sein, das unserem Wachstum und unserer Reife angemessen ist.

Für verschiedene Berufe gibt es spezielle Arbeitskleidung. So ist der Heilige Geist für jeden genau das Gewand, das zu seiner Berufung passt. Diese Bekleidung des Heiligen Geistes passt genau zu den Werken, die Gott im Voraus für dich vorbereitet hat, damit du in ihnen wandeln kannst (Epheser 2,10).

Wir sollen mit dem Heiligen Geist bekleidet sein, aber er wird uns nicht alle gleich kleiden. Gott steckt uns nicht in eine Uniform. Gott hat für jeden von uns eine spezielle, maßgeschneiderte Berufung und die entsprechende geistliche Bekleidung. Wenn wir nicht unserer Berufung gemäß leben, dann ist es, als würden wir die falsche Arbeitskleidung tragen: ein Feuerwehrmann im Nadelstreifenanzug oder ein Bergsteiger im Bademeister-Outfit.

Der Heilige Geist ist unser wahres priesterliches Gewand. In den Augen der Menschen können wir ein bewundernswert geschneidertes Kleidungsstück anhaben – ganz im Sinne der Tradition. Aber wenn wir nicht das Gewand des Geistes tragen, das der Vater für uns ausgewählt hat, dann sind wir nichts und wir haben nichts! Wie können wir unserem Gott dienen ohne dieses Gewand?

Das Gewand repräsentiert die Autorität des Trägers: Ein Polizist in Freizeitkleidung hat keine Autorität, ein Fahrzeug auf der Straße anzuhalten. Er kann es zwar versuchen, aber kaum einer wird anhalten, nur weil er Handzeichen macht. In seinem eigenen Namen kann er nichts ausrichten. Trägt derselbe Mann jedoch seine Uniform, reicht eine einzige Handbewegung aus, um sogar einen schweren Lastzug zum Stehen zu bringen.

Dasselbe gilt für uns: Ohne dieses Gewand des Geistes werden wir alles, was wir unternehmen, in unserem eigenen Namen tun, in unserer eigenen Energie und ohne die Autorität, die uns Gott doch geben will.

IM GLAUBEN ERGREIFE ICH DEN HEILIGEN GEIST WIE EIN FÜR MICH MASSGESCHNEIDERTES GEWAND. ICH DANKE DEM HERRN, DER MICH MIT DEM HEILIGEN GEIST BEKLEIDET.

31. DER HEILIGE GEIST, DER SICH MIT UNS BEKLEIDET

Aber der Geist des HERRN umkleidete Gideon. Und er stieß ins Horn, und die Abiësriter wurden zusammengerufen, ihm nach.

RICHTER 6,34

Da kam der Geist über Amasai, das Oberhaupt der Dreißig: Dein sind wir, David, und zu dir, Sohn Isais, stehen wir! Friede, Friede dir, und Friede deinen Helfern! Denn dein Gott hilft dir! Und David nahm sie auf und reihte sie unter die Oberhäupter der Streifschar ein.

1. CHRONIK 12,19

Und der Geist Gottes kam über Secharja, den Sohn des Priesters Jojada. Und er trat vor das Volk und sagte zu ihnen: So spricht Gott: Warum übertretet ihr die Gebote des HERRN? So wird es euch nicht gelingen! Weil ihr den HERRN verlassen habt, so hat auch er euch verlassen.

2. CHRONIK 24,20

In diesen drei Versen ist die wörtliche Übersetzung: „Der Geist des Herrn kleidete sich mit Gideon", „Der Geist kleidete sich mit Amasai", und „der Geist kleidete sich mit Secharja".

Wenn es in der Bibelstelle heißen würde „Der Heilige Geist kleidete sich mit einem Pullover", dann würden wir alle verstehen, dass der

Heilige Geist sich einen Pullover überstreifte! In diesen drei Versen würden dann Gideon, Amasai und Secharja sozusagen die Rolle eines Pullovers spielen. Wir sehen hier also, dass es sich hier um eine völlige Besitzergreifung durch Gott geht: die drei zitierten Männer wurden praktisch zum Kleidungsstück des Geistes.

Im vorhergehenden Kapitel war der Heilige Geist unser Gewand, und in diesem Kapitel hier sind wir sein Gewand. Geistlich gesehen widersprechen sich diese beiden Gedanken nicht.

Ich erwarte von einem Kleidungsstück, dass es mir passt, dass es mir gut steht, dass es bequem ist, dass ich darin Bewegungsfreiheit habe, und dass es sauber ist.

Der Heilige Geist ist in uns. Wir sind für ihn eine Bekleidung: Es ist unsere Aufgabe, für ihn ein passendes Gewand zu sein und nicht eines, das ihm zu eng ist und seine Bewegungsfreiheit einschränkt. Es liegt ebenso an uns, sauber zu sein und nicht ein schmutziges Kleidungsstück, das ihn blamiert.

Ich will einfach das Gewand sein, das genau dem Heiligen Geist passt, das ihm angemessen ist in jeder Situation. Ich will mich vom Geist Gottes bekleiden lassen, und ihn das Geheimnis der Inkarnation durch mich hindurch wirken lassen.

IM GLAUBEN ERGREIFE ICH DEN HEILIGEN GEIST, DER MICH ANZIEHEN MÖCHTE. ICH MÖCHTE MICH VÖLLIG VON IHM IN BESITZ NEHMEN LASSEN. DANN IST ER FREI, DURCH MICH ALL DAS ZU TUN, WAS IHM GUT SCHEINT.

32. DER GEIST, AUS DEM WIR GEBOREN WERDEN

Jesus antwortete: Wahrlich, wahrlich, ich sage dir: Wenn jemand nicht aus Wasser und Geist geboren wird, kann er nicht in das Reich Gottes hineingehen. Was aus dem Fleisch geboren ist, ist Fleisch, und was aus dem Geist geboren ist, ist Geist.

JOHANNES 3,5-6

Als aber erschien die Freundlichkeit und Menschenliebe Gottes, unseres Heilands, machte er uns selig – nicht um der Werke der Gerechtigkeit willen, die wir getan hatten, sondern nach seiner Barmherzigkeit – durch das Bad der Wiedergeburt und Erneuerung im Heiligen Geist.

TITUS 3,4-5 (LUTHER)

Diese Bibelstellen reden von der Wiedergeburt. Im Neuen Testament heißt es auch *aus dem Geist geboren, von oben geboren, aus Gott geboren, von Neuem geboren*. Der Heilige Geist erneuert uns. Der Heilige Geist bewirkt im Menschen eine tief greifende Veränderung und schenkt ihm neues Leben. All das ist das Werk des Heiligen Geistes; in diesem Moment wird man eine neue Schöpfung.
Diese Erneuerung, von der hier die Rede ist, ist die Vermittlung geistlichen Lebens an jemanden, der tot war in seinen Vergehungen und Sünden (Epheser 2,1).

Im ersten Johannesbrief finden sich einige krasse Aussagen zu diesem Aspekt. Nach diesen Stellen übt jeder aus Gott Geborene Gerechtigkeit aus (1. Johannes 2,29), er tut nicht Sünde und kann nicht sündigen (1. Johannes 3,9), er liebt und zwar mit einer selbstlosen, opferbereiten Agape-Liebe (1. Johannes 4,7), er überwindet die Welt (1. Johannes 5,4), er bewahrt sich selbst und der Böse kann ihn nicht antasten (1. Johannes 5,18).

Ich weiß nicht, wie es bei dir aussieht; aber auf mich treffen diese Beschreibungen nicht immer zu! Muss ich daraus schließen, dass ich nicht wiedergeboren bin? Das könnte man meinen. Aber:

ICH HABE EINE ERFREULICHE NACHRICHT!

Erinnern wir uns dran, dass unsere Bibeln Übersetzungen sind: Sie sind vertrauenswürdig, aber nicht jede Sprache hat die grammatikalischen und lexikalischen Voraussetzungen, jede Aussage genau so wiederzugeben, wie sie im Originaltext steht. So hat ein Wort oft mehrere Bedeutungen. Das griechische Wort *gennao* oder *gennan*, das mit *gebären* übersetzt wird, bedeutet auch *erzeugen, anregen*. Es erinnert uns an das neudeutsche Wort *generieren* und kann genauso gut im Sinn von *auslösen, stimulieren, hervorrufen, hervorbringen, anstoßen oder antreiben* verstanden werden.

Auf diesem Hintergrund erscheinen diese Bibelverse über die Wiedergeburt in einem anderen Licht. Sie können dann auch so wiedergegeben werden:

Was vom Fleisch stimuliert (gennao, geboren) wird, ist Fleisch; was vom Geist stimuliert (geboren) wird, ist Geist.

JOHANNES 3,6

Der Wind weht, wo er will, und du hörst sein Sausen, aber du weißt nicht, woher er kommt und wohin er geht; so ist jeder, der vom Geist angetrieben (gennao, geboren) wird.

JOHANNES 3,8

Wenn ihr wisst, dass er gerecht ist, so erkennt, dass auch jeder, der die Gerechtigkeit tut, von ihm dazu angeregt (gennao, geboren) wird.

1. JOHANNES 2,29

Jeder, der von Gott angetrieben wird (gennao, geboren ist), tut nicht Sünde, denn sein Same bleibt in ihm; und er kann nicht sündigen, weil er von Gott angetrieben wird (gennao, geboren ist).

1. JOHANNES 3,9

Geliebte, lasst uns einander lieben! Denn die Liebe ist aus Gott; und jeder, der liebt, wird von Gott dazu angeregt (ist aus Gott geboren, gennao) und erkennt Gott.

1. JOHANNES 4,7

Denn alles, was von Gott hervorgerufen wird (gennao, geboren ist), überwindet die Welt; und dies ist der Sieg, der die Welt überwunden hat: unser Glaube.

1. JOHANNES 5,4

Wir wissen, dass jeder, der von Gott angeregt wird (gennao, geboren ist), nicht sündigt; sondern der, der von Gott angetrieben wird (gennao, geboren ist), bewahrt sich selber, und der Böse tastet ihn nicht an.

1. JOHANNES 5,18

Von Gott geboren werden bezieht sich auf ein vergangenes Ereignis; man wird schließlich nicht mehrmals geboren. Aber von Gott *angeregt* werden im Sinn von *stimulieren, antreiben, beleben,* das geschieht in der Gegenwart: Es passiert gerade jetzt (oder vielleicht leider auch nicht). Wir können also durchaus aus Gott geboren sein und dennoch ist im Moment nicht Gott unser Antrieb.

Jedes Mal, wenn ich durch den Geist stimuliert werde, erfülle ich die Kriterien der oben zitierten Verse des ersten Johannesbriefes. Jedes Mal, wenn ich sie nicht erfülle, muss ich zugeben: Was mich da angetrieben hat, das war nicht aus Gott!

Es gibt Momente, in denen Gott uns in Bewegung setzen kann, weil wir uns für die Dinge von oben begeistern und begeistert bleiben. In diesen Zeiten, in denen Gott selbst uns antreibt und anfacht, geschehen außergewöhnliche Dinge durch uns – durch die Initiative Gottes.

Das ist die Kernfrage: **Was stimuliert dich?**

IM GLAUBEN ERGREIFE ICH DEN HEILIGEN GEIST, DURCH DEN ICH VON NEUEM GEBOREN WURDE, DAMIT ER MICH ANTREIBT, MICH ANREGT, MICH STIMULIERT UND BELEBT, UM DIESE WUNDERBAREN VERHEISSUNGEN AUSZULEBEN.

33. DER HEILIGE GEIST, DURCH DEN WIR SAGEN: „JESUS IST HERR!“

Deshalb tue ich euch kund, dass niemand, der im Geist Gottes redet, sagt: Fluch über Jesus!, und niemand sagen kann: Herr Jesus!, außer im Heiligen Geist.

1. KORINTHER 12,3

„Jesus ist Herr!“ – Wo ist da das Problem? Ein Papagei könnte das nachsprechen; warum also brauchen wir die Hilfe des Heiligen Geistes dazu? Natürlich ist jeder Mensch fähig, diese Worte auszusprechen – auch ohne den Heiligen Geist (es sei denn, er wäre extrem dämonisiert). Es geht hier also nicht einfach nur darum, bestimmte Wörter *auszusprechen*.

„Jesus Christus ist Herr." Im Griechischen heißt das: *Jesus Christus ist Kyrios.*

Kyrios bedeutet: *Chef, Eigentümer, Meister, Herrscher, derjenige mit der höchsten Autorität* ... eben *Herr*. Wenn also jemand bekennt: „Jesus Christus ist mein Herr, *mein Kyrios*", dann sagt er damit: „Er ist mein Chef, mein Boss! Er hat bei mir das Sagen, er ist auch mein Eigentümer, ich gehöre ihm. Ich glaube ihm, ich gehorche ihm, ich vertraue ihm. Alles, was ich bin und habe, gehört ihm. *Er ist mein Meister!* Kann man das sagen ohne den Heiligen Geist? Paulus nannte sich Sklave Jesu Christi; er hatte einen *Kyrios*, nämlich Jesus. Bei seiner ersten Begegnung mit Jesus (Apostelgeschichte 22,10)und von da an immer fragte er: „Was soll ich tun, Kyrios?"

Wenn damals ein Sklave einen Brief schrieb, musste er unterschreiben mit: „..., Sklave von ..." Genau so unterschrieb Paulus seine Briefe:

Paulus und Timotheus, Sklaven Jesu Christi ...

PHILIPPER 1,1

Gegen Ende des ersten Jahrhunderts wurde als Loyalitätsbezeugung das Bekenntnis verlangt: „Caesar ist der Kyrios!" Wer Kyrios war, dem gehörte alles; jeder hatte ihm bedingungslos zu gehorchen. Jemanden seinen Kyrios zu nennen, das bedeutete vollständige Unterwerfung – für Christen undenkbar. Kyrios war allein Jesus Christus.

Zur Zeit der ersten Gemeinde waren Christen also sehr leicht zu identifizieren durch ihr Bekenntnis: *„Jesus Christus ist der Kyrios!"*

Nicht dem Kaiser, sondern einem Anderen gestanden sie diese Macht zu. Also warf man sie den Löwen zum Fraß vor. Aber sie wollten lieber sterben, als Christus zu verleugnen und ohne ihn weiterzuleben! Für diesen Satz „Jesus ist der Herr" zahlten sie einen hohen Preis. Konnten sie das ohne den Heiligen Geist?

Wenn wir sagen, dass Jesus unser Kyrios ist, dann ...

- bekennen wir uns selbst als seinen Untertanen,
- geben wir unsere Rechte auf,
- erkennen wir an, dass er alle Macht hat über alles, was wir sind und haben,
- erkennen wir an, dass wir ihm gehören mit Haut und Haaren,
- entscheiden wir uns, ihm zu gehorchen, was auch immer es uns kosten mag.

So gesehen ist es klar – ohne den Heiligen Geist kann niemand sagen und von ganzem Herzen glauben: „Jesus ist Herr!"

Paulus predigte Jesus Christus als Herrn (2. Korinther 4,5). Predigen wir dasselbe Evangelium? Und haben wir uns zu diesem Evangelium wirklich bekehrt?

Wir wollen so gerne dasselbe erleben wie die Gemeinde der Apostelgeschichte, aber welch großen Unterschied gibt es zwischen ihnen und uns! So oft betonen wir, dass Jesus Christus der *Retter* ist. Ja, wir nehmen Jesus als Retter an. Es gefällt uns gut, dass er für unsere Sünden gestorben ist, dass er auferstanden ist, dass er heilt und unsere Gebete erhört. All das ist ja auch wahr. Aber in der Apostelgeschichte sehen wir Jesus als *Kyrios*, als *Herrn*!

Paulus nennt Jesus in seinen Briefen ganze drei Mal Retter, aber über dreihundert Mal Herr! Dämmert dir etwas?

Wir machen es heute genau umgekehrt. Mit welchem Resultat?

Zur Zeit der Gemeinde der Apostelgeschichte bekehrte man sich nicht, indem man einfach sagte: „Ich nehme Jesus Christus als meinen persönlichen Retter an." Man musste ihn als *den Kyrios seines Lebens* anerkennen!

IM GLAUBEN ERGREIFE ICH DIESEN GEIST, DER MICH BEFÄHIGT, ZU SAGEN UND ES AUCH ZU LEBEN: „JESUS IST MEIN KYRIOS!" – ALLES GEHÖRT DIR, HERR!

34. DER HEILIGE GEIST, DER UNS FÜHRT (1)

Wenn aber jener, der Geist der Wahrheit, gekommen ist, wird er euch in die ganze Wahrheit leiten; denn er wird nicht aus sich selbst reden, sondern was er hören wird, wird er reden, und das Kommende wird er euch verkündigen.

JOHANNES 16,13

Denn so viele durch den Geist Gottes geleitet werden, die sind Söhne Gottes.

RÖMER 8,14

Wenn ihr aber durch den Geist geleitet werdet, seid ihr nicht unter dem Gesetz.

GALATER 5,18

Es ist interessant, dass Paulus den Römern nicht sagte: „So viele durch den Geist geleitet werden, die sind Söhne Gottes." Das könnte man missverstehen und denken, Paulus spräche hier von dem Geist des Menschen. Deshalb betonte er: „So viele durch den Geist *Gottes* geleitet werden ..."

Geleitet werden bedeutet hier *geführt werden, bewegt werden, gesteuert werden*. Dieser Ausdruck bezieht sich auf das innere Empfinden, das unser Verhalten steuert. Dieses Wort findet sich auch in Galater 5,18. Hier geht es um einen Einfluss, um eine Inspiration, die unsere

Gedanken und unsere Taten hervorbringt – ganz natürlich und ohne dass wir groß darüber nachdenken.

Es gibt aber noch ein anderes griechisches Wort, das genauso mit *leiten* wiedergegeben werden kann. Dieses Wort hat einen anderen Sinn, nämlich *anführen durch Anleitung oder Unterweisung*. Wir finden dieses Wort in Johannes 16,13: „Der Geist der Wahrheit ... wird ... euch in die ganze Wahrheit leiten", also: Er wird euch unterweisen.

Paulus redet hier von einer Führung von innen heraus. Ja, der Heilige Geist führt uns und gibt uns Anweisungen und Befehle (er zwingt uns allerdings nicht, sondern setzt auf unseren freiwilligen Gehorsam). Er kann uns aber auch instinktiv leiten, ohne dass wir es bewusst wahrnehmen, ganz natürlich – eben von innen heraus. Erst später realisieren wir dann, dass es der Heilige Geist war, der uns geleitet und in uns gehandelt hat! Viele Menschen könnten solche Erlebnisse bezeugen, die der Geist Gottes in ihrem Leben bewirkte.

Im Glauben können wir den Geist Gottes ergreifen, der uns von innen heraus leiten wird. Er kann uns motivieren und zu etwas Lust machen, er kann uns aber auch handfeste Argumente in unsere Gedanken geben. Gott ist es, der in uns sowohl das Wollen als auch das Tun bewirkt (Philipper 2,13).

IM GLAUBEN ERGREIFE ICH DEN HEILIGEN GEIST, DER MICH LEITET, INDEM ER MIR BEWEGGRÜNDE ODER LUST ZU ETWAS EINGIBT UND DER MEIN INNERES BEEINFLUSST.

35. DER HEILIGE GEIST, DER UNS FÜHRT [2]

Wenn aber jener, der Geist der Wahrheit, gekommen ist, wird er euch in die ganze Wahrheit leiten; denn er wird nicht aus sich selbst reden, sondern was er hören wird, wird er reden, und das Kommende wird er euch verkündigen.

JOHANNES 16,13

Denn so viele durch den Geist Gottes geleitet werden, die sind Söhne Gottes.

RÖMER 8,14

Wenn ihr aber durch den Geist geleitet werdet, seid ihr nicht unter dem Gesetz.

GALATER 5,18

Wie wir im vorigen Kapitel gesehen haben, möchte der Heilige Geist uns führen und uns die Richtung anzeigen.

Wenn wir uns vom Geist Gottes leiten lassen, dann gehorchen wir seinen Befehlen – anders ausgedrückt: Wir überlassen ihm das Lenkrad. Damit erkennen wir an, dass das Fahrzeug, das uns transportiert (das sind wir selbst, unser Körper, unsere Fähigkeiten und unser Besitz), nicht mehr uns gehört, sondern Gott. Er ist der Eigentümer, und er hat die Schlüssel. Sein Geist sitzt auf dem Fahrersitz, und er kennt den Weg. Wir dagegen wissen nicht immer, wohin er uns führt oder auf welcher Route. Gott sagt durch seinen Propheten Jesaja:

Und ich will die Blinden auf einem Weg gehen lassen, den sie nicht kennen, auf Pfaden, die sie nicht kennen, will ich sie schreiten lassen. Die Finsternis vor ihnen will ich zum Licht machen und das Holperige zur Ebene. Das sind die Dinge, die ich tun und von denen ich nicht ablassen werde.

JESAJA 42,16

Wenn der Heilige Geist uns auf eine Straße führt, die wir noch nicht kennen, gibt er uns nicht immer eine detaillierte Streckenbeschreibung dazu. Manchmal ist die Wegbeschreibung sogar mehr als dürftig. Dafür gibt es in der Bibel mehrere Beispiele. Und das hatte einen Grund: Niemandem wäre es eingefallen, ein ganzes Volk zu Fuß quer durch das Rote Meer zu schicken oder bei Hochwasser geradewegs durch den Jordan hindurch!

Sicher muss der Heilige Geist manchmal schmunzeln, wenn er uns auf dem Beifahrersitz sieht, wie wir mit aller Kraft auf das nicht vorhandene Bremspedal drücken! Wir wissen zwar, dass er ein exzellenter Fahrer ist, dennoch gehen unsere Ängste immer wieder einmal mit uns durch.

IM GLAUBEN ERGREIFE ICH DEN HEILIGEN GEIST, DER MICH FÜHRT, WEIL ER WEISS, WOHIN ER MICH BRINGEN WILL. ICH WEISS, DASS ER MICH NICHT EINFACH AUFS GERATEWOHL FÜHRT: WIR GEHEN IN EINE PRÄZISE RICHTUNG UND ZU EINEM KONKRETEN ZIEL. SELBST WENN ICH NICHT ALLES WEISS, ENTSCHEIDE ICH MICH, IHM ZU VERTRAUEN, UND ICH LASSE MEINE BREMSMANÖVER BLEIBEN.

36. DER HEILIGE GEIST, DER UNS ANSTÖSST

Dann wurde Jesus von dem Geist in die Wüste hinaufgeführt, um von dem Teufel versucht zu werden.

MATTHÄUS 4,1

Und sogleich treibt ihn der Geist in die Wüste hinaus.

MARKUS 1,12

Und er kam auf Antrieb des Geistes in den Tempel. Und als die Eltern das Kind Jesus hineinbrachten, um für ihn zu tun, was der Brauch des Gesetzes verlangte ...

LUKAS 2,27 (SCHLACHTER)

Wir suchten die Jünger am Ort auf und blieben eine Woche bei ihnen. Vom Heiligen Geist getrieben, warnten sie Paulus vor der Reise nach Jerusalem.

APOSTELGESCHICHTE 21,4 (GUTE NACHRICHT BIBEL)

Denn niemals wurde eine Weissagung durch den Willen eines Menschen hervorgebracht, sondern von Gott her redeten Menschen, getrieben von Heiligem Geist.

2. PETRUS 1,21

Wenn ein Armeeoffizier ruft: „Freiwillige vor!“, soll es vorkommen, dass ein „Kamerad“ den anderen anstößt, ihn nach vorne schiebt. Wie oft brauchen wir solch einen Anstoß, um das Richtige zu tun!

In Lukas 10,2 lesen wir die Aufforderung Jesu an seine Jünger: „Bittet nun den Herrn der Ernte, dass er Arbeiter aussende in seine Ernte!“ Eine genauere Übersetzung würde lauten: „Flehet nun an den Herrn der Ernte, damit er Werker hinaustreibe in seine Ernte“ (Knoch, Konkordante Wiedergabe); Darby und Martin übersetzen mit *pousse*, also *hinausstoßen*.

Manche übersetzen in Markus 1,12 auch mit dem Wort *drängte*.

WARUM MÜSSEN WIR ANGESTOSSEN WERDEN?

- Damit es uns klar wird, dass wir nicht aus eigener Initiative heraus handeln: „Damit niemand sich rühme“ (1. Korinther 1,29).
- Damit es klar wird, dass der Heilige Geist das Sagen hat. Er sitzt am Lenkrad, und weil er die Verantwortung hat, können wir im Glauben und im Gehorsam handeln.
- Oft müssen wir angestoßen werden, um unsere Zurückhaltung, unsere Ängste, unsere Argumentationen und sogar unsere Grenzen zu überwinden.
- Angestoßen zu werden hat einen Vorteil: Es gibt uns einen Schub, die ersten paar Meter gehen leichter!
- Durch einen Stoß kann einem die Kraft zum Durchbruch gegeben werden. Beim Rugby kann der Spieler nur deshalb einen „Versuch“ (Platzierung des Balls im gegnerischen Malfeld) erzielen, weil er von seinen Mannschaftskameraden

gestoßen wird. Aus eigener Kraft würde er es nicht bis zur Linie schaffen.
- Angestoßen zu werden ist ein gutes Heilmittel gegen die Unbeweglichkeit, die jeden bedroht.

Aus welchem Grund auch immer – mitunter stößt der Heilige Geist uns eben auch an. Der Herr wird immer seine Ziele mit uns erreichen.

IM GLAUBEN ERGREIFE ICH DEN HEILIGEN GEIST GOTTES, DER MICH AUS MEINEN ÄNGSTEN UND AUS MEINEN BEGRENZUNGEN HINAUSSTOSSEN WIRD. IM GLAUBEN ERGREIFE ICH DIESEN GEIST, DER MICH ANSTOSSEN WIRD, DER MIR ELAN GIBT UND MICH IN GOTTES ERNTEFELD AUSSENDEN WIRD.

37. DER HEILIGE GEIST, DER GRÖSSER IST

Ihr seid aus Gott, Kinder, und habt sie (die Geister, die in der Welt sind, siehe Vers 3) überwunden, weil der, welcher in euch ist, größer ist als der, welcher in der Welt ist.

1. JOHANNES 4,4

Der Heilige Geist in uns ist größer und stärker als der, der in der Welt ist. Johannes sagt uns etwas später noch:

Wir wissen, dass wir aus Gott sind, und dass die ganze Welt sich im Bösen befindet.

1. JOHANNES 5,19 (SCHLACHTER)

Das heißt: Die Welt und was in ihr ist, ist dem Bösen unterworfen.

Erfüllt vom Heiligen Geist, besiegte Jesus in der Wüste den Teufel; durch den Geist Gottes trieb er die Dämonen aus (Matthäus 12,28); er wurde gesalbt mit Heiligem Geist und mit Kraft und heilte alle, die vom Teufel überwältigt waren (Apostelgeschichte 10,37-38), er ist auferstanden durch den Geist der Herrlichkeit.

Wir wissen: Was immer Gott tut, das tut er durch seinen Geist. Und diesen Geist haben wir in uns – den Geist, der an der Erschaffung von Himmel und Erde beteiligt war, der Satan aus dem Himmel vertrieb, der Jesus von den Toten auferweckte! Derselbe Heilige Geist ist in uns. Er ist größer – wörtlich: *stärker, vortrefflicher, hervorragender* – als der, der in der Welt ist.

Johannes bestätigt das:

Denn alles, was aus Gott geboren ist, überwindet die Welt; und dies ist der Sieg, der die Welt überwunden hat: unser Glaube.

1. JOHANNES 5,4

SCHLUSSFOLGERUNG:

Die ganze Welt ist der Macht des Bösen unterworfen. Aber der, der in uns ist, ist größer als der, der in der Welt ist; er befreit uns aus der Unterlegenheit und macht uns zu Überwindern. Unser einziger Beitrag dazu ist, zu glauben!

IM GLAUBEN ERGREIFE ICH DEN HEILIGEN GEIST, DER GRÖSSER IST ALS DER TEUFEL, DEM DIE WELT UNTERWORFEN IST.

38. DER HEILIGE GEIST, IN DEM WIR GETAUFT WERDEN (1)[1]

Er wird euch mit Heiligem Geist und Feuer taufen.

MATTHÄUS 3,11

Um das Wort *taufen* richtig zu verstehen, sollten wir uns wieder einmal das ursprüngliche griechische Wort anschauen. Hier und auch sonst in der Bibel steht dafür das Wort *baptizo*, eine verstärkte Form des Wortes *bapto*. Der griechische Arzt und Dichter Nikandros (3. Jh. v. Chr.) erklärt uns den Unterschied zwischen *baptizo* und der Wort-

---

1 Viele Aussagen und Lehrmeinungen über die Taufe des Heiligen Geistes haben den Leib Christi zertrennt und tiefe Wunden hinterlassen. Es ist schade, dass Menschen diesen Segen Gottes für seine Gemeinde in das Gegenteil verkehrt und Spaltung verursacht haben. Dieses Buch beabsichtigt nicht, Lehrfragen zu diskutieren. Wer sich näher damit befassen möchte, dem empfehle ich mein Buch „Impact de Feu“, das demnächst bei rdf-editions erscheinen wird. www.prodimpact.com.

wurzel *bapto* so genial wie einfach – anhand eines Küchenrezepts: *„Das Gemüse muss zuerst kurz in kochendes Wasser eingetaucht (bapto) und anschließend in den Essig eingelegt werden (baptizo). Der Essig wird ins Gemüse eindringen und es durchtränken."*

Beide Verben haben mit Eintauchen zu tun. *Bapto* spricht von einem *vorübergehenden, kurzen Eintauchen*; das Einlegen *baptizo* dagegen ist ein *Eintauchen von langer Dauer* – eine ziemlich endgültige Handlung.

Ursprünglich hatte das Wort *bapto* keinerlei religiöse Bedeutung. Das Wort stammt aus der Textilfärberei und bedeutet *ein Kleidungsstück oder einen Stoff in die Farbe eintauchen und* ***solange*** *umrühren,* ***bis*** *dieses Gewand oder dieser Stoff die Farbe und die Beschaffenheit des Farbtons angenommen hat.* Dieses *solange eintauchen, bis* spricht für sich: Wir bleiben **solange** in den Geist Gottes hineingetaucht, **bis** wir mit allem, was wir sind, seine Farbe angenommen haben.

Ich erinnere mich an meine Jugendzeit als Punk. Wir verknoteten unsere Klamotten und tauchten sie in verdünnte Chlorlösung. Das ergab einen Batik-Effekt: Die verknoteten Stellen blieben im Inneren des Knotens so, wie sie waren; das Bleichmittel kam nicht überall hin. Genau so wollten wir unsere Klamotten haben, teilentfärbt! Auch umgekehrt wurde ein Schuh draus: Viele banden damals ihre weißen T-Shirts mit Bindfäden ab und tauchten sie in lila oder grüne Farblösung. Sehen wir nicht auch immer wieder in unserem eigenen Leben, dass wir noch nicht überall die Farbe Jesu angenommen haben? Der Grund ist einfach – da sind noch Knoten drin! Bleiben wir also in seinen Händen, bleiben wir im Bottich und lassen wir ihn die Knoten lösen, einen nach dem anderen.

Wenn Christus uns im Geist tauft, dann übernehmen wir seine Farbe und seinen Charakter: Wir werden Teilhaber seiner göttlichen Natur. Der Heilige Geist ist in uns und wir sind in ihm. Wir können zum Volk des Heiligen Geistes werden.

Die Taufe im Heiligen Geist ist also nicht so sehr eine momentane Handlung als vielmehr ein permanenter Aufenthaltsort oder ein Dauerzustand. Jesus tauft uns, und er beabsichtigt etwas damit: Wir sollen seine Färbung, seinen Charakter annehmen und so von Grund auf verändert werden, durch und durch.

IM GLAUBEN ERGREIFE ICH DEN HEILIGEN GEIST, IN DEN ICH EINGETAUCHT BIN UND BLEIBE.

39. DER HEILIGE GEIST, IN DEM WIR GETAUFT WERDEN (2)[2]

Ich habe euch in Wasser hinein getauft, er aber wird euch in den Heiligen Geist hinein taufen.

MARKUS 1,8 (LA BIBLE DU SEMEUR)

Johannes der Täufer war der letzte Prophet vor dem Kommen Jesu. Er predigte in der Wüste. Um ihn zu hören, mussten die Menschen ihren Wohnort verlassen und zu ihm kommen. Johannes predigte im Jordan stehend; die Leute hörten ihm vom Ufer aus zu (Markus 1,4-5).

Johannes predigte das Königreich Gottes, die Unzulänglichkeit bloßer Religion – und Buße (Umkehr). Das Wort *Täufer* bedeutet – rich-

2 Der geläufige Ausdruck „die Taufe des Heiligen Geistes" legt nahe, der Heilige Geist wäre der Taufende. Aber es ist Jesus, der uns im Heiligen Geist tauft. Verschiedene Bibelstellen belegen das klar: Jesus tauft im Heiligen Geist und im Feuer – er ist der „Täufer". Der Heilige Geist ist das Element, in das wir hineingetauft werden (Matthäus 3,11; Markus 1,8; Lukas 3,16).

tig, *der, der tauft*. Diejenigen, die seiner Botschaft glaubten, bereuten ihre Sünden, kehrten um (d. h. sie taten Buße) und gehorchten seiner Aufforderung, sich taufen zu lassen: Sie stiegen in den Jordan hinein, näherten sich Johannes und im Vertrauen, dass er sie nicht ertrinken lassen würde, ließen sie sich von ihm untertauchen. Sie ließen sich also taufen oder, wie wir heute auch sagen, sie empfingen die Taufe. Niemand wurde dazu gezwungen, das war eine persönliche Entscheidung. Wer also wollte, der wurde im Jordan untergetaucht.

„Warum gerade im Jordan?" Das hatte sich schon Naaman gefragt (2. Könige 5,11-12). Dieser Fluss hat einen hohen symbolischen Wert:

- *Geografisch*: *Jordan* bedeutet *der Hinabfließende*. Er entspringt am Fuße des Hermonmassivs. Der Hermon ist mit über 2.800 Metern Höhe der höchste Berg Israels. Das machte ihn zu einem Symbol für den Wohnort Gottes. Der Jordan steht also für das, was von Gott herabkommt. Eine der beiden Jordanquellen, die Danquelle, hat eine mittlere jährliche Schüttung von 240 Millionen Kubikmetern – das sind etwa 7½ m^3 pro Sekunde, wahrlich ein gewaltiges *Hinabfließen*.

- *Geistlich:* In Psalm 133 lesen wir vom Tau des Hermon als Bild für den Segen Gottes, er wird auch verglichen mit Salböl. Die Schneeschmelze des Hermon lässt den Jordan stark anschwellen. Welch ein Segen für das Land! Dieses Wasser machte es fruchtbar. Das Land wurde durchflutet (d. h. gesegnet), und dieser Segen ging aus vom Berg Hermon – dem Berg Gottes.

- *Symbolisch:* Der Jordan entspringt am Hermon und war so Teil des Gottesberges und fließt in das Tote Meer. In der biblischen Symbolik stellen Meere die Menschheit dar, die Menschenmassen. Der Jordan ist also ein Symbol für das Wirken Gottes an der Menschheit, die von ihm getrennt (und in diesem Sinne tot) ist. Deshalb ist der Jordan auch in geistlicher Hinsicht ein starkes Symbol.

- *Historisch*: Der Jordan ist Grenze und Schauplatz von Grenzübertritten. Da war der Übergang von der Wüstenzeit in das verheißene Land, wo Gott Segen versprochen hatte (Josua 3,4).

Da war der Übergang Elias von seinem irdischen Dienst zu seinem himmlischen Dienst, von der Erde zum Himmel. Bevor Elia in den Himmel auffuhr, überquerte er den Jordan (2. Könige 2,7).

Da war Elisas Übergang – bis dahin war er der Diener Elias gewesen, nun wurde er zum Diener Gottes (2. Könige 2,13-15).

Da war der Übergang von Unreinheit zur Reinheit und Gesundung, die Reinigung Naamans im Jordan (2. Könige 5,10-14): Der lepröse Naaman tauchte hier auf das Wort des Propheten hin sieben Mal unter. Sieben ist die Zahl der Vollständigkeit. Naaman tauchte sieben Mal (also vollständig) unter und wurde geheilt.

Im April 1994 hatte ich eine Vision:

Jesus stand in der Mitte eines Flusses. Ich konnte ihn nicht klar erkennen, aber ich wusste: Das war er! Seine Silhouette reflektierte sich im Gegenlicht, so wie die Sonne sich auf einem See widerspiegelt. Er war in einem Fluss aus Licht. Das Licht tanzte um ihn herum, es wirbelte wie Feuer. Jesus stand mit offenen Armen da und predigte. Am Ufer standen Menschen, die ihm zuhörten. Andere standen im Fluss, und wieder andere gingen zu ihm, und er tauchte sie in diesen Fluss unter.

Im Wort Gottes lesen wir von einem Fluss, der am Thron Gottes entspringt und an der rechten Seite herausfließt (Hesekiel 47,1-12 und Offenbarung 22,1-2). Wo sitzt Jesus im Himmel? Richtig, auf dem Thron zur Rechten Gottes (Apostelgeschichte 2,33)! Jesus ist mitten in diesem Fluss, der vom Thron der Gnade ausgeht, diesem Fluss des

Heiligen Geistes und diesem Fluss aus Feuer. Dieser Fluss hat eine Strömung, es ist lebendiges Wasser, in das Jesus uns eintauchen will. Das Wort sagt uns: „Ein Strom mit seinen Bächen ..." (Psalm 46,5, Schlachter) und „Gottes Bach ist voll Wasser" (Psalm 65,10). An diesem Ort des Übergangs erwartet uns Jesus.

Nun verstand ich auch, warum Jesus Johannes den Täufer einen der größten Propheten nennt:

Einmal bedeutet sein Name *Gott ist gnädig*. Die Gnade Gottes ist die größte Offenbarung.

Und zweitens war Johannes der Täufer ein Vorläufer Jesu – also des Täufers, der mit Heiligem Geist und mit Feuer tauft. Johannes selbst hatte mit Wort und Tat prophezeit:

Ich taufe euch ... er aber wird euch taufen ...

MATTHÄUS 3,11

Jesus Christus ist derselbe, heute und in Ewigkeit! Noch heute tauft er; in der Mitte des Flusses predigt er durch sein Wort, durch seinen Geist, durch seine Diener. Hast du seine Botschaft gehört?

- *Es ist euch nützlich, dass ...*
- *Getrennt von mir könnt ihr nichts tun.*
- *Ihr werdet Kraft empfangen ...*

Auch heute noch stehen viele Menschen am Ufer; wer auch immer die gepredigte Botschaft aufnimmt, kann sich in diese Wahrheit hineintauchen lassen durch den Geist Gottes.
Lasst uns also hinzutreten, zuhören und sein Wort annehmen; lasst uns glauben und bitten; nähern wir uns ihm und geben wir dabei nicht auf. *Lasst uns nicht nur ein Stückchen auf den „Eintaucher" zugehen – lasst*

uns weitergehen, bis wir zum „Eintaucher“ gelangt sind.

Ein kurzes Fußbad ist noch lange kein Untertauchen. Wenn wir nur einen flüchtigen Kontakt mit dem Heiligen Geist haben, sind wir noch lange nicht in ihn eingetaucht. Der Heilige Geist wird denen gegeben, die bitten, die Durst haben und die gehorchen. Aber wir müssen ins Wasser steigen und zu Jesus kommen. Er ist der Eintaucher, der diese Taufe vollzieht: Jesus der Täufer.

DURCH DEN GLAUBEN NÄHERE ICH MICH JETZT JESUS DEM TÄUFER, BIS ER MICH IN DEN GEIST HINEIN TAUFT, SO WIE JOHANNES INS WASSER HINEIN GETAUFT HAT. IM GLAUBEN ERGREIFE ICH DIESES EINGETAUCHTWERDEN IN DEN GEIST HINEIN.

40. DER HEILIGE GEIST, DER UNS ZU EINEM LEIB TAUFT

Ein Leib und ein Geist, wie ihr auch berufen worden seid in einer Hoffnung eurer Berufung! Ein Herr, ein Glaube, eine Taufe, ein Gott und Vater aller, der über allen und durch alle und in allen ist.

EPHESER 4,4-6

Dies alles aber wirkt ein und derselbe Geist und teilt jedem besonders aus, wie er will. Denn wie der Leib einer ist und viele Glieder hat, alle Glieder des Leibes aber, obwohl viele, ein Leib sind: so auch der Christus. Denn in einem Geist sind wir alle zu einem Leib getauft worden, es seien Juden oder Griechen, es seien Sklaven oder Freie, und sind alle mit einem Geist getränkt worden.

1. KORINTHER 12,11-13

Jedes Mal, wenn die Einzigkeit des Geistes betont wird, ist immer auch die Rede von der Gemeinde, dem Leib Christi. Es gibt einen einzigen Geist, den wahren Geist Gottes, und es gibt einen einzigen Leib, sagt Paulus.

Dieser eine Geist Gottes kann uns helfen, den einen Leib Christi zu erkennen, wo wir Menschen oft nur Denominationen sehen.

Der Leib hat viele Glieder und viele Facetten; genauso hat auch dieser eine Geist zahlreiche Ausdrucksweisen. Bei aller Vielfalt widerspricht er sich aber nicht und er widerspricht auch nicht dem Wort Gottes. Es kann nicht mehrere gegensätzliche und doch wahre Inspirationen geben, die in verschiedene Richtungen gehen. Es ist *ein und derselbe* Geist, der diese Dinge gemäß seinem Willen bewirkt. Paulus erklärt:

Denn wir sind ja alle durch einen (und denselben) Geist in einen Leib hinein getauft worden, ob wir Juden sind oder Griechen, Knechte oder Freie, und wir sind alle getränkt worden zu einem Geist.

1. KORINTHER 12,13 (SCHLACHTER)

In diesem Vers ist der Heilige Geist der *Täufer* und nicht das Element, in das wir hineingetauft werden. Dies zeigt, dass es sowohl eine Taufe *in* den Heiligen Geist hinein gibt als auch eine Taufe *durch* den Heiligen Geist. Dies sollten wir nicht verwechseln, es würde nur Verwirrung stiften. Bei der Taufe im Heiligen Geist ist Jesus der Täufer; der Heilige Geist ist das Element, in das wir hineingetauft werden, so sagte es Johannes der Täufer (Markus 1,8). Diese Bibelstelle hier zeigt uns eine andere Tatsache: Der Heilige Geist tauft *uns alle*, um aus uns einen einzigen Leib zu bilden.

Der Heilige Geist tauft uns in den Leib hinein, er verleibt uns ein in die Gemeinde. Der Heilige Geist hat dabei ein einziges Ziel, eine einzige Absicht: den Leib Christi!

Immer,

- wenn ich versuche, mein Leben unabhängig und ohne die anderen zu führen,
- wenn ich mich von der Versammlung absondere und mich abseits halte,

- wenn ich anfange, gegen die Gemeinde zu reden,
- wenn ich mich nicht investiere, um meinen Brüdern und Schwestern zu dienen,

dann widersetze ich mich dem Werk des Heiligen Geistes!

Ich kann nicht durch den Glauben den Geist ergreifen, der mich tauft, um einen einzigen Leib zu formen, und gleichzeitig den Leib Christi vernachlässigen.

IM GLAUBEN ERGREIFE ICH DIESEN EINEN GEIST, DURCH DEN ICH MIT DEN ANDEREN GLÄUBIGEN EIN LEIB WERDE. ICH WERDE MIT DIESEM EINEN GEIST ZUSAMMENARBEITEN, DAMIT DER LEIB CHRISTI IN SEINER EINZIGARTIGKEIT UND IN EINHEIT AUFGEBAUT WIRD.

41. DER HEILIGE GEIST, DER UNS ERFÜLLT (1)

Mit dem Geist erfüllt zu sein ist ein Gebot Gottes für die an Jesus Gläubigen. Eines, das uns vermutlich nicht weiter auffällt! Wie kann das praktisch aussehen, in unserem alltäglichen Leben?

Die meisten Bibelstellen zum Erfülltsein mit dem Heiligen Geist befinden sich im Evangelium nach Lukas und in der Apostelgeschichte, die auch von Lukas verfasst wurde. Außerdem gibt es noch einen Hinweis im Epheserbrief (Epheser 5,18).

Im Folgenden möchte ich dir gerne ein paar Gedanken mitteilen, die mir selbst sehr helfen auf meinem Weg hin zur Fülle.

Darum seid nicht töricht, sondern versteht, was der Wille des Herrn ist! Und berauscht euch nicht mit Wein, worin Ausschweifung ist, sondern werdet voller Geist.

EPHESER 5,17-18

Es macht uns in der Regel keine Mühe, dieses Gebot. Wer von uns betrinkt sich schon? Aber da sind die drei letzten Worte. Befolgen wir die auch? „Werdet voller Geist." Wenden wir dafür dieselbe Sorgfalt auf?

Werdet voller Geist. Dies ist immerhin ein Befehl! Das griechische Wort fügt dem deutschen Ausdruck noch die Vorstellung einer kontinuierlichen Handlung hinzu, also: „Lasst euch beständig vom Geist erfüllen." Vermutlich geschieht das nicht automatisch, sonst hätte Paulus nicht diese Anweisung geschrieben. Die Fülle des Geistes in uns ist also keine unabänderliche Konsequenz unserer Bekehrung, sondern ihre Fortsetzung und ihre Frucht. Und wenn wir an einem Tag voll sind, heißt das noch lange nicht, dass es am nächsten Tag auch so sein müsste. Dafür haben wir keine Garantie!

Auch kann es nicht sein, mehr oder weniger voll Geistes zu sein. Nun, den Befehl des Paulus kann man so oder so verstehen:

- Wir müssen *den Geist in uns* bewahren, der uns erfüllen soll. In dem Fall müssten wir also den Heiligen Geist in uns bewachen, dass er uns ja nicht verlässt, etwa so, wie man einen Duftflakon immer gut verschließt oder wie man einen Schatz bewacht und gegen jeden Zugriff verteidigt.

Oder:

- Wir müssen *auf uns selbst achten*, dass wir beständig voll Geistes bleiben – also auf unsere Ausrichtung, auf unseren inneren Zustand, damit wir in der Fülle des Geistes bleiben.

Ich für mich wähle die zweite Deutung, denn das Wort sagt uns, dass niemand den Geist Gottes gegen seinen Willen festhalten kann: „Den Geist unterdrückt nicht" (1. Thessalonicher 5,19, Fußnote); „Der Geist weht, wo er will" (Johannes 3,8); die französische La Bible du Semeur übersetzt den Schluss von Epheser 5,18 so: „... sondern **lasst euch** ständig mit dem Geist erfüllen."

Das Buch der Apostelgeschichte zeigt uns außerdem an mehreren Stellen, dass Petrus und die anderen Apostel wiederholt mit dem Heiligen Geist erfüllt wurden (Apostelgeschichte 2,4; Apostelgeschichte 4,31).

Oft beklagen wir uns darüber, dass wir nicht mit dem Geist erfüllt sind. Aber wir sollten nicht vergessen, dass diese Fülle auch eine Folge unserer Annäherung an Gott und unseres Wandels mit ihm ist. Sie hat also auch mit uns selbst zu tun – mit unserem Bitten und mit unserem Wollen! Der Heilige Geist wird sich uns nicht aufdrängen. Wie auch immer: Es ist besser, ein Christ voll Geistes zu sein als ein Christ voll Murrens.

Leben wir lieber so, dass wir uns nie beklagen müssen über die Leere in uns!

ICH VERSTEHE, DASS ES GOTTES WILLE FÜR MICH IST, VOLL SEINES GEISTES ZU SEIN. DIE FÜLLE VON GESTERN GARANTIERT MIR NICHT DIE FÜLLE VON HEUTE. IM GLAUBEN ERGREIFE ICH DEN HEILIGEN GEIST, DER MICH HEUTE FÜLLT. DOCH DIE FÜLLE VON HEUTE GARANTIERT MIR NICHT DIE VON MORGEN. ICH BLEIBE ALSO VON IHM ABHÄNGIG.

42. DER HEILIGE GEIST, DER UNS ERFÜLLT (2)

Und sie wurden alle mit Heiligem Geist erfüllt und fingen an in anderen Sprachen zu reden, wie der Geist ihnen gab auszusprechen.

APOSTELGESCHICHTE 2,4

... und zu erkennen die die Erkenntnis übersteigende Liebe des Christus, damit ihr erfüllt werdet zur ganzen Fülle Gottes.

EPHESER 3,19

In der Bibel wird der Heilige Geist oft als Öl oder als lebendiges Wasser dargestellt. Jesus sagte, als er über den Geist sprach, dass Ströme lebendigen Wassers aus unserem Inneren herausfließen werden.

Wenn der Heilige Geist wirkte, spürte Jesus, dass eine Kraft von ihm ausging. Bei uns ist es nicht anders: Das, was von uns ausfließt und wegfließt, muss erneuert oder ersetzt werden, sonst haben wir ja keine Fülle mehr!

Im Alten Testament finden wir einen Schlüssel für diese Fülle der Kraft. Eine Witwe war kurz vor dem Verhungern.

Da sagte Elisa zu ihr: Was soll ich für dich tun? Sag mir, was du im Haus hast! Sie sagte: Deine Magd hat gar nichts im Haus als nur einen Krug Öl. Da sagte er: Geh hin, erbitte dir Gefäße von draußen, von all deinen Nachbarinnen, leere Gefäße, aber nicht zu wenige! ... Und gieß in all diese Gefäße; und was voll ist, stelle beiseite! Und sie ging von ihm weg und schloss die Tür hinter sich und hinter ihren Söhnen zu. Während sie ihr die Gefäße reichten, goss sie ein. Und es geschah, als die Gefäße voll waren, da sagte sie zu ihrem Sohn: Reiche mir noch ein Gefäß! Er aber sagte zu ihr: Es ist kein Gefäß mehr da. Da kam das Öl zum Stillstand.

2. KÖNIGE 4,2-6

Das Öl ist eines der Symbole des Heiligen Geistes. In diesem Text sehen wir, dass das Öl aufhörte zu fließen, als man kein Gefäß mehr reichte. Halten wir also fest: Damit das Öl in unserem Leben ununterbrochen fließt, müssen wir uns ständig als leere Gefäße hingeben. Auf diese Weise bekennen wir unsere völlige Abhängigkeit von Gott. Wenn wir aber selbstzufrieden sind und denken, wir seien jetzt voll genug, dann reichen wir ihm kein leeres Gefäß mehr hin – und das Öl wird versiegen.

Wir können nicht heute dienen mit der Fülle von vor zehn Jahren oder vor zehn Wochen. Wir können Gott für die Fülle der Vergangenheit danken, aber wir müssen uns wirklich bewusst sein, dass wir ihn immer noch – und zwar für alle Zeiten – dringend brauchen. Und so werden wir gesegnet werden.

David proklamierte, dass er mit frischem Öl überschüttet wurde (Psalm 92,11). Genau das brauchen wir auch – ja auch wir, die wir doch unter einem besseren Bund stehen. Unser Gefäß, dass wir Gott hinhalten, muss leer sein, um frisches Öl zu empfangen; und es muss sauber sein, denn tote Fliegen lassen das Öl des Salbenmischers stinken und gären (Prediger 10,1).

ICH ERKENNE, DASS ICH IMMER WIEDER NEU ERFÜLLT WERDEN MUSS. ICH GEBE MICH ALSO ALS GEFÄSS HIN. IM GLAUBEN ERGREIFE ICH DEN HEILIGEN GEIST ALS DAS FRISCHE ÖL, DAS GOTT ÜBER MICH AUSGIESST.

43. DER HEILIGE GEIST, DER UNS ERFÜLLT (3)

Die Jünger aber wurden mit Freude und Heiligem Geist erfüllt.

APOSTELGESCHICHTE 13,52

Erfüllt – dieses Wort ist uns nun schon recht vertraut. Schauen wir doch einmal, wie Lukas es sonst noch verwendet. Ich fand das wirklich bemerkenswert:

Und alle in der Synagoge wurden von Wut erfüllt, als sie dies hörten.

LUKAS 4,28

Und Staunen ergriff alle, und sie verherrlichten Gott und wurden mit Furcht erfüllt und sprachen: Wir haben heute außerordentliche Dinge gesehen.

LUKAS 5,26

Da wurden sie von sinnloser Wut erfüllt und berieten, was sie gegen Jesus unternehmen könnten

LUKAS 6,11 (EINHEITSÜBERSETZUNG)

Und sie erkannten ihn, dass er der war, der um das Almosen an der schönen Pforte des Tempels gesessen; und sie wurden mit Verwunderung und Erstaunen erfüllt über das, was sich mit ihm ereignet hatte.

APOSTELGESCHICHTE 3,10

Der Hohepriester aber trat auf und alle, die mit ihm waren, nämlich die Sekte der Sadduzäer, und wurden von Eifersucht erfüllt.

APOSTELGESCHICHTE 5,17 (SIEHE AUCH APOSTELGESCHICHTE 13,45)

Die Jünger aber wurden mit Freude und Heiligem Geist erfüllt.

APOSTELGESCHICHTE 13,52

Von Wut, Furcht, sinnloser Wut, Verwunderung, Freude oder Eifersucht erfüllt zu werden, bedeutet im Grunde Folgendes: Zulassen, dass ein Gefühl unsere Persönlichkeit dominiert und über unser Verhalten entscheidet. Solchen Augenblicken geht aber weder ein Prozess voraus, sich bewusst zu füllen, noch verwenden wir bewusst Zeit, um uns zu entleeren. Gefühle brechen einfach aus uns hervor.

Genauso ist es, wenn wir vom Heiligen Geist erfüllt sind: Wir erlauben ihm, die Leitung über unsere Persönlichkeit zu haben und unser Verhalten zu inspirieren.

So wie man Freude, Wut und andere Gefühle unterdrücken kann, so kann man auch den Geist dämpfen und ihm widerstehen (wenn man sich vom Fleisch dominieren lässt). Diese Selbstkontrolle gegen den Heiligen Geist unter dem Vorwand von Selbstbeherrschung oder Vorsicht ist das größte Hindernis gegen das Wirken des Heiligen Geistes in unserem Leben.

Wir alle haben irgendwann schon einmal der Anregung des Heiligen Geistes in uns widerstanden. Wenn wir aber seinem Ruf, seiner Anweisung, seinen Bitten Folge leisten, dann können auch unsere Mitmenschen bezeugen, dass wir vom Heiligen Geist erfüllt sind.

Die Fülle des Geistes ist zunächst praktischer Natur: Sie ist der Abglanz der Gegenwart Gottes in uns, sie begleitet uns in unserem Alltag.

Ich mag diesen Gedanken, vom Geist erfüllt zu sein: Das heißt ganz einfach, sensibel zu sein für seine Weisungen und ihnen zu gehorchen! Ich mag diese Idee, die Fülle des Geistes auf ganz natürliche und spontane Weise erleben und ausleben zu können, frei von aller mystischer Gefühlsduselei.

ICH NEHME DURCH DEN GLAUBEN AN, DASS DER HEILIGE GEIST MICH MIT GEFÜHLEN UND EMPFINDUNGEN FÜLLT, DIE JESUS CHRISTUS VERHERRLICHEN. ICH LASSE ZU, DASS ER ÜBER MEINE PERSÖNLICHKEIT HERRSCHT UND ÜBER MEIN VERHALTEN ENTSCHEIDET – DEN GANZEN TAG ÜBER. ICH VERWEIGERE MICH JEDEM ANDEREN EINFLUSS. SO BEWAHRE ICH MICH DARIN, VOLL GEISTES ZU BLEIBEN.

44. DER HEILIGE GEIST, DAS SIEGEL GOTTES

In ihm seid auch ihr, als ihr das Wort der Wahrheit, das Evangelium eures Heils, gehört habt und gläubig geworden seid, versiegelt worden mit dem Heiligen Geist der Verheißung.

EPHESER 1,13

Und betrübt nicht den Heiligen Geist Gottes, mit dem ihr versiegelt worden seid auf den Tag der Erlösung hin!

EPHESER 4,30

Der uns aber mit euch festigt in Christus und uns gesalbt hat, ist Gott, der uns auch versiegelt und die Anzahlung des Geistes in unsere Herzen gegeben hat.

1. KORINTHER 1,21-22

Ein Siegel ist eine offizielle Markierung, die auf ein Dokument aufgebracht wird. Es erklärt das Dokument für gültig und garantiert es. Es zeigt an, dass es authentisch ist. Hinter diesem Siegel steht die ganze Autorität dessen, der es aufgedrückt hat.

Als Pilatus den Stein am Grab Jesu versiegeln ließ, klebten da eigentlich nur eine Schnur und ein Klecks aus Wachs – aber dahinter stand das ganze mächtige römische Reich. Niemand außer Gott konnte es wagen und dieses Siegel brechen!

WANN WURDEN WIR VERSIEGELT?

Paulus ist sehr genau, er sagt: „... als ihr das Wort der Wahrheit, das Evangelium eures Heils, gehört habt und gläubig geworden seid."

WAS IST DIESES SIEGEL?

Es ist die Gegenwart seines Geistes. Er hat die Anzahlung des Geistes in unsere Herzen gegeben. Eine Anzahlung ist eine Art Garantie. Wenn jemand eine Anzahlung leistet, dann können wir sicher sein, dass er den Kaufvertrag erfüllt und wir den Gesamtbetrag erhalten werden.

HAT DIESES SIEGEL EINE BESTIMMTE GÜLTIGKEITSDAUER, GIBT ES EINE EINLÖSEFRIST?

Ja, die Wiederkunft Jesu! Paulus nimmt einige Kapitel weiter diesen Gedanken wieder auf und sagt, wir seien "versiegelt worden ... auf den Tag der Erlösung hin". Ich mag die französische Semeur-Bibel, die folgende Formulierung vorschlägt: „... durch diesen Geist hat Gott euch mit seinem Siegel als sein Eigentum markiert bis zum Tag der endgültigen Erlösung."

Dieses Siegel ist eine Garantie. Für uns ist es die Garantie dafür, dass wir Gott gehören, es ist eine Garantie unseres Heils. Der Himmel steht hinter diesem Siegel. Dieses Siegel trägt in sich die Fülle Gottes. Der Vater versiegelt uns in Christus durch seinen Geist. Niemand kann dieses Siegel brechen – nur wir selbst. Ebenso kann uns auch niemand aus seiner Hand reißen (Johannes 10,28-29); trotzdem sind wir jederzeit frei zu gehen.

IM GLAUBEN ERGREIFE ICH DEN HEILIGEN GEIST, DURCH DEN ICH FÜR DEN TAG DER ERLÖSUNG VERSIEGELT WORDEN BIN. ICH EMPFANGE DIE SICHERHEIT UND DIE GARANTIE, DIE MIR DIESES SIEGEL VERMITTELT.

45. DER HEILIGE GEIST, DER UNS HEILIGT

... nach Vorkenntnis Gottes, des Vaters, ***in der Heiligung des Geistes*** *zum Gehorsam und zur Besprengung mit dem Blut Jesu Christi: Gnade und Friede werde euch immer reichlicher zuteil!*

1. PETRUS 1,2

Wir aber müssen Gott allezeit für euch danken, vom Herrn geliebte Brüder, dass Gott euch von Anfang an erwählt hat zur Rettung in Heiligung des Geistes und im Glauben an die Wahrheit.

2. THESSALONICHER 2,13

... und als Sohn Gottes in Kraft eingesetzt dem Geist der Heiligkeit nach aufgrund der Totenauferstehung: Jesus Christus, unseren Herrn.

RÖMER 1,4

Er selbst aber, der Gott des Friedens, heilige euch völlig; und vollständig möge euer Geist und Seele und Leib untadelig bewahrt werden bei der Ankunft unseres Herrn Jesus Christus! Treu ist, der euch beruft; er wird es auch tun.

1. THESSALONICHER 5,23-24

Das ganze Konzept der Heiligkeit (der Heiligung, des heilig-Seins und des sich-Heiligens) ist eines der am wenigsten verstandenen

Themen unter uns Christen. Oft hören wir *heilig* und verstehen *sündlos* und *makellos*. Aber eigentlich bedeutet das Wort heilig etwas anderes: Heiligung ist ein *Ausgesondert-Sein*, und Heiligkeit bedeutet, innerhalb der Grenzen dieses Ausgesondert-Seins zu leben. Ich gebe dir ein Beispiel:

Stelle dir vor, ich hätte zwei Telefonleitungen legen lassen. Beide Leitungen sind eigentlich gleich gut, aber eine davon ist für das Faxgerät reserviert. Ich habe sie also für das Fax geheiligt, deshalb ist sie auch heilig. Das heißt: Sie wurde für einen bestimmten Zweck ausgesondert. Davon wird sie nicht anders, ich könnte genauso gut ein Telefongerät anschließen und das würde hervorragend funktionieren. Aber diese Faxleitung hat eben eine andere Bestimmung, eine andere Berufung, einen anderen Zweck! Wenn ich nun über diese Faxleitung tatsächlich ein Fax erhalte, zeigt das, dass diese Leitung „heilig wandelt".

Genauso ist es mit mir: Gott hat mich durch seinen Geist ausgesondert (geheiligt). Das macht mich heilig. Ich bleibe ein Mensch unter anderen, habe aber eine andere Berufung. Ich könnte schon so leben wie alle anderen Menschen auch, aber ich wurde zur Heiligkeit berufen und habe in mir den Wunsch, mich zu heiligen oder heilig zu leben – so, wie es Gott für mich vorgesehen hat.

Mich zu heiligen bedeutet, dass ich mich entscheide, genau das Leben zu leben, das Gott für mich vorgesehen hat. Wenn ich so lebe, dann wandle ich in Heiligkeit. Wenn ich das Ziel verpasse, wenn ich außerhalb dessen bin, was Gott für mich vorbereitet hat, dann lebe ich in Sünde (das griechische Wort für Sünde bedeutet wörtlich *Zielverfehlung*). Der Heilige Geist heiligt mich, das heißt: Er macht mich fähig, ausgesondert zu leben. Er macht mich fähig, dieses heilige Leben zu leben; er hilft mir, die Werke Christi zu tun (Johannes 14,12).

Heiligung geschieht, wenn ich mit dem Geist Gottes übereinstimme und mit ihm zusammenarbeite in seinem Bestreben, mich auszusondern. Wenn ich im Geist wandle und seinem Einfluss folge, dann werde ich ein geheiligtes Leben führen.

IM GLAUBEN ERGREIFE ICH DEN HEILIGEN GEIST, DURCH DEN ICH AUSGESONDERT WORDEN BIN UND DER MICH BEFÄHIGT, IN DIESEM AUSGESONDERTSEIN ZU LEBEN.

46. DER HEILIGE GEIST, DER SEINE FRUCHT IN UNSEREM LEBEN HERVORBRINGT

Die Frucht des Geistes aber ist: Liebe, Freude, Friede, Langmut, Freundlichkeit, Güte, Treue, Sanftmut, Enthaltsamkeit.

GALATER 5,22-23

Mehrere Jahre lang versuchte ich mit allen Mitteln, diese weltberühmte Frucht hervorzubringen. Mit großer Anstrengung und Aufbietung all meiner Disziplin konnte ich tatsächlich kleine Fortschritte machen. Doch leider – die meisten meiner Fortschritte wurden immer wieder neutralisiert durch die Reaktionen meines Fleisches; dieses Fleisch, das man eine Zeit lang im Zaum halten kann, das aber immer wieder an die Oberfläche kommt.

Für mich waren besonders Liebe und Geduld unerreichbare Höhen. An dem Abend, von dem ich anfangs erzählt habe, als ich wieder einmal den Galaterbrief las, atmete ich erleichtert auf: *Es ist der Heilige Geist, der diese Frucht hervorbringen soll – nicht wir!* Was für eine erfreuliche Information!

Ein Baum strengt sich überhaupt nicht an, Frucht zu bringen. Er muss nur Wurzeln haben und den Saft wirken lassen und dieser

Saft produziert die Frucht. Genauso ist es bei uns: Es ist der Heilige Geist, der uns den Charakter Jesu aufprägen wird!

Ein Baum bringt also Frucht – aber nicht von heute auf morgen. Da ist zunächst die Knospe, dann die Blüte, und dann reift die Frucht heran. Ich mag dieses Bild von Frucht. Eine Frucht braucht unter anderem auch Zeit, um zu wachsen und zu reifen.

Manche Aspekte dieser Frucht des Geistes sind bei mir vielleicht noch im Stadium von Knospe oder Blüte; anders ausgedrückt: Das Werk des Heiligen Geistes ist auf diesem Gebiet noch nicht abgeschlossen.

Bist du glücklich, weil du bestimmte Charakteristiken einer reifen Frucht in dir entdeckst? Dann glaube mir: Es kommen noch viele Jahre, du wirst immer wieder neue Frucht bringen. Wir sind völlig abhängig von Gott und vom Wirken seines Geistes in unserem Leben.

IM GLAUBEN ERGREIFE ICH DEN HEILIGEN GEIST, DER IN MIR SEINE FRUCHT HERVORBRINGEN WIRD. ER PRÄGT MIR DEN CHARAKTER JESU AUF. ICH HÖRE AUF, ES SELBST ZU VERSUCHEN. DENN NUR GOTTES GEIST IST DAZU FÄHIG.

47. DER HEILIGE GEIST, DER UNS FREI MACHT VOM GESETZ DER SÜNDE UND DES TODES

So gibt es jetzt keine Verdammnis mehr für die, welche in Christus Jesus sind, die nicht gemäß dem Fleisch wandeln, sondern gemäß dem Geist. Denn das Gesetz des Geistes des Lebens in Christus Jesus hat mich frei gemacht von dem Gesetz der Sünde und des Todes.

RÖMER 8,1-2 (SCHLACHTER)

Diese Bibelstelle zeigt uns, dass es zwei Wege gibt: einen nach dem Fleisch und einen nach dem Geist. Wer durch den Geist (oder im Geist) wandelt, ist in Christus, und das Gesetz des Geistes des Lebens macht ihn frei vom Gesetz der Sünde und des Todes. Wer aber im Fleisch wandelt, ist Sklave des Gesetzes der Sünde und des Todes. Wenn ich also im Fleisch wandle, dann herrscht das Gesetz der Sünde und des Todes über mich.

Sünde und Krankheit gehören zum alten Menschen, der mit Jesus gekreuzigt wurde und mit ihm gestorben ist. Dieses Gekreuzigtsein müssen wir beständig auf unser Fleisch anwenden, so ähnlich, wie man eine schmerzende Stelle einreibt. Das Fleisch und der alte Mensch sind nicht dasselbe. Das Fleisch ist sozusagen der Reflex, ohne Gott zu leben; Fleisch ist, wenn man sich vom alten Menschen beherrschen lässt. Das Fleisch hat Gefühle und kann denken. Nach Römer 7,25 bin ich durch das Fleisch Sklave des Gesetzes der Sünde – und Sklave des Gesetzes des Todes.

Das, was in uns Sünde und Krankheit hervorbringt und ernährt, wurde bereits in Christus besiegt – durch das Gesetz des Geistes des Lebens! Jesus hat unsere Strafe getragen und damit Sünde und Krankheit die geistliche Grundlage entzogen.

Ich bin in Christus – durch den Glauben kann ich diese Position einnehmen. Damit bin ich frei vom Gesetz der Sünde und des Todes. Der Heilige Geist setzt diese Befreiung in meinem Körper um. In Christus zu sein bedeutet, in dem zu wandeln, was sein Opfer für mich erworben hat. Wir haben alle das Potenzial dazu; aber nur durch den Glauben können wir in dieses Leben eintreten.

In unserer Bibelstelle sehen wir, dass es sich hier um zwei Gesetze handelt. Der Brief an die Römer (7,23 und 7,25) lehrt uns über zwei einander entgegenstehende Gesetze in uns. Für Gesetz steht hier das griechische Wort *nomos*. Es bedeutet *Herrschaft, Prinzip, Kraft, eine geregelte Macht, etwas Feststehendes*. Man könnte also auch *aktives Prinzip* oder *Herrschaft* sagen.

DAS GESETZ DES GEISTES DES LEBENS IN JESUS CHRISTUS ...

Der Heilige Geist ist der Agent, der in uns das Heil in Kraft setzt. Er ist der Geist des Lebens, er ist der Geist, der das Leben Gottes (griechisch: *zoe*) gibt, welches in Jesus war und ist. Dieses *Zoe* ist das Leben ohne Sünde und ohne Krankheit; es ist das ewige Leben, das mit unserer Bekehrung begonnen hat.

... HAT MICH FREIGEMACHT VOM GESETZ DER SÜNDE UND DES TODES.

Ich wurde von einem Gesetz befreit, aus einer Herrschaft herausgelöst: aus dem der Sünde und des Todes. Diese Freiheit konnte ich unmöglich durch das Fleisch erlangen. Wörtlich steht hier im ersten Vers, dass das Gesetz der Sünde und des Todes wie ein Todesurteil ist, eine Verdammnis – und dies nicht nur im Sinne eines gefällten Urteils: Die Vollstreckung ist gleich mit inbegriffen.

Die ganze Menschheit wurde mit Adam verurteilt – nun ja, könnte man dazu sagen, was kümmert uns das? Nun, das beeinträchtigt uns gewaltig; die ganze Menschheit erntet täglich die bittere Frucht dieser Verurteilung. Aber in Christus wurden *wir* davon befreit!

Schauen wir uns einmal das Gesetz der Schwerkraft an. Wenn du dieses Buch loslässt, dann fällt es zu Boden – aufgrund eines Gesetzes, das du mit deiner Handlung in Gang gesetzt hast, das du wirksam werden ließest. Dieses Buch fällt auf den Boden – natürlich, was denn sonst? Ebenso sündigen wir ganz natürlich bei bestimmten Versuchungen oder bestimmten Umständen, weil sie das Gesetz der Sünde auslösen. Deshalb ist jeder Mensch erst einmal ein Sünder, denn wem oder an was wir uns hingeben zum Gehorsam, zu dessen Sklaven werden wir: entweder „Sklaven der Sünde zum Tod oder Sklaven des Gehorsams zur Gerechtigkeit“ (Römer 6,16).

Wenn wir uns bestimmten Formen der Sünde hingeben, setzen wir damit Gesetze der Sünde in Kraft und ordnen uns diesen Gesetzen als Sklaven unter. Diese Gesetze werden in unserem Leben zu Autoritäten, die uns unterjochen und unseren Gehorsam erzwingen. So kommen Krankheiten in unseren Körper, die uns unter ihr Kommando pressen. Glaube an Gott und Angst haben eines gemeinsam: Beide sind sie gehorsam, allerdings unterschiedlichen Herren. Unsere Furcht gehorcht der Krankheit und wird so zu ihrem Sklaven – und wir gleich mit. Auch wenn wir Niederlagen akzeptieren und eben hinnehmen, machen wir uns zu Sklaven.

Diese Gesetze werden durch unsere Ängste und Schwächen in Kraft gesetzt; anhand von Angriffen auf unsere Gesundheit, unsere Finanzen oder andere Güter können wir sie diagnostizieren. Ein Beispiel: Das Frühjahr, Zeit der Pollen. Wenn Allergie meine Schwachstelle ist, dann fürchte ich diese in Wirklichkeit sehr schöne und erfreuliche Jahreszeit; dadurch wird ein Gesetz in Gang gesetzt, und meine Nase fängt wieder an zu laufen!

Wie kann ein viele Tonnen schweres Flugzeug in der Luft bleiben, ohne ganz natürlich (wegen des Naturgesetzes der Schwerkraft) herunterzufallen? Weil es da noch ein anderes Gesetz gibt, nämlich das der Aerodynamik. Und das ist stärker als das Gesetz der Schwerkraft. Es kann die Schwerkraft neutralisieren und so das Flugzeug vom Gesetz der Schwerkraft befreien. Solange das Gesetz der Aerodynamik vorherrscht, bleibt das Flugzeug in der Luft! Dasselbe gilt auch geistlich: Wenn jemand in Christus ist, das heißt sich im Glauben in ihm positioniert, dann wirkt und herrscht in ihm das Gesetz des Geistes des Lebens.

IM GLAUBEN ERGREIFE ICH DEN GEIST DES LEBENS, DESSEN HERRSCHAFT MICH VOM GESETZ DER SÜNDE UND DES TODES FREIMACHT.

48. DER HEILIGE GEIST, IN DESSEN KRAFT WIR SATAN MIT DEM WORT WIDERSTEHEN KÖNNEN

Und nehmt den Helm des Heils und das Schwert des Geistes, welches ist das Wort Gottes.

EPHESER 6,17

Jesus wurde, nachdem er den Geist empfangen hatte, von diesem in die Wüste geführt. Dort „kämpfte" er gegen den Teufel. Auf alle Versuchungen antwortete er mit dem Wort Gottes, mit einem kraftvollen „Es steht geschrieben ...". Das Wort Gottes ist das Schwert des Geistes. Und der Geist in mir kann tatsächlich mit diesem Schwert hantieren und Satan besiegen.

Jesus hat gesagt, dass der Heilige Geist uns eingeben wird, was wir in schwierigen Momenten sagen sollen. Das gilt sowohl für Auseinandersetzungen mit Menschen als auch für Konfrontationen mit dem Teufel. Wie geschieht das? Sicher nicht, indem wir ihn bombardieren mit Spruchkärtchen, die wir mit geschlossenen Augen aus einer Zettelbox gezogen haben. Wirklich effizient ist das Wort, das uns der Heilige Geist eingibt bzw. an das er uns erinnert, und nur dieses Wort ist das Schwert des Geistes. Wohlgemerkt, damit er uns erinnern kann, sollten wir es kennen. Aber zurück zum Zettelkasten: Wenn wir in einer Art magischen Denkens irgendwelche Bibelverse aussprechen (oder an die Wand hängen), richten wir damit gegen den Teufel nicht viel aus. Das ist einfach erbärmlich. Lebendig und wirksam ist das Wort Gottes, das durch den Geist in uns lebendig wird! Natürlich wird es viel einfacher, wenn wir das Wort Gottes reichlich in uns wohnen lassen: Der Heilige Geist muss uns dann nur an die Worte erinnern, die wir gelesen haben; davon hatten wir es schon zu Beginn dieses Buches.

Das Wort Gottes als Schwert des Geistes – das kann also ein Vers aus der Schrift sein, der durch den Geist lebendig wird. Aber es kann auch eine Prophetie sein, die uns der Heilige Geist eingibt, oder ein prophetisches Wort, das uns einmal gegeben wurde und an das er uns erinnert. Auch das prophetische Wort ist schließlich Gottes Wort.

VERMEIDEN WIR VERWIRRUNG: PROPHETIE – ODER WUNSCHDENKEN?

Unsere Wünsche und Träume können uns wohl vom Heiligen Geist eingegeben sein, erinnerst du dich? Gottes Geist leitet uns auch durch unsere Wünsche. Doch ist das noch keine Prophetie. Prophezeien bedeutet im Auftrag des Herrn zu reden – und nicht herbeizurufen, was wir gerne hätten. Wir dürfen bitten und Gutes erwarten von Gott, aber das ist nicht automatisch eine Prophetie, die wir „Wort des Herrn" nennen dürften.

Paulus erinnerte Timotheus, seine Weissagungen als geistliche Waffe einzusetzen:

Dieses Gebot vertraue ich dir an, mein Kind Timotheus, nach den vorangegangenen Weissagungen über dich, damit du durch sie den guten Kampf kämpfst.

1. TIMOTHEUS 1,18

Samuel ist mir ein großes Vorbild. Wie er will auch ich kein einziges Wort Gottes zu Boden fallen lassen.

ICH ERGREIFE DEN GEIST, DER MICH FÄHIG MACHT, SATAN MIT DEM WORT GOTTES ZU BEKÄMPFEN. VON JETZT AN SEHE ICH DAS WORT GOTTES MIT ANDEREN AUGEN, SEI ES DIE BIBEL ODER EINE PROPHETIE.

49. DER HEILIGE GEIST, DURCH DEN WIR DÄMONEN AUSTREIBEN KÖNNEN

Wenn ich aber durch den Geist Gottes die Dämonen austreibe, so ist also das Reich Gottes zu euch gekommen.

MATTHÄUS 12,28

Und Entsetzen kam über alle, und sie redeten untereinander und sprachen: Was ist dies für ein Wort? Denn mit Vollmacht und Kraft gebietet er den unreinen Geistern, und sie fahren aus.

LUKAS 4,36

Das Joch wird zersprengt werden wegen der Salbung.

JESAJA 10,27 (SCHLACHTER)

Jesus behauptet, dass er nicht von sich selbst aus die Dämonen austreibt, sondern durch den Geist Gottes. Die Menschen fragten sich: Wer ist der, dem die Dämonen gehorchen? Die Antwort ist einfach: Er ist einer, in dem der Heilige Geist wohnt. Als die Menschen sahen, welche Wirkung die Worte Jesu auf die Dämonen hatten, waren sie von seiner Autorität und Kraft sehr beeindruckt!

Jesus gab uns ein Vorbild, und wir, seine Jünger, werden es ihm gleichtun. Keine noch so gut gelernten Formeln und kein Seminar über Befreiungsdienst werden je den Geist Gottes ersetzen können, wenn es darum geht, Dämonen auszutreiben. Eine geistliche Handlung kann nur auf geistliche Weise geschehen; nur der Heilige Geist qualifiziert uns für diese Aufgabe. Es ist so:

Allein der Heilige Geist wird uns die Autorität offenbaren, die uns anvertraut wurde. Wir brauchen eine Offenbarung – bloßes Kopfwissen und eine rein gedankliche Zustimmung reichen nicht aus. Die 30 Zentimeter zwischen Kopf und Herz sind unüberbrückbar – außer für den Geist Gottes!

Allein der Heilige Geist wird uns die Autorität vermitteln, die nötig ist, um Dämonen auszutreiben.

Allein der Heilige Geist wird uns Unterscheidungsvermögen geben. Wir müssen uns mehr auf den Geist Gottes verlassen als auf unsere Erfahrungen und auf das Wissen, das wir durch Bücher oder auf Seminaren gesammelt haben.

Allein der Heilige Geist wird uns Weisheit vermitteln, damit wir wissen, was in dieser konkreten Situation zu tun ist.

Das Königreich Gottes wird auf der Erde ausgebreitet durch Menschen, die vom Heiligen Geist gesalbt sind. Diese führen dann ihre Aufträge aus, die Gott ihnen gibt. Die Salbung zerstört jedes Joch, das der Feind auf uns gelegt hat. Das Königreich Gottes kommt, wenn der Geist Gottes das Reich der Finsternis erobert – *durch Menschen.*

IM GLAUBEN ERGREIFE ICH DEN HEILIGEN GEIST, DER MICH FÄHIG MACHT, DÄMONEN AUSZUTREIBEN.

50. DER HEILIGE GEIST, DER FÜR UNS KÄMPFT

Dann wird man im Westen den Namen des Herrn fürchten und im Osten seine Herrlichkeit; wenn der Bedränger kommt wie ein Wasserstrom, wird der Hauch (oder Geist) des Herrn ihn in die Flucht schlagen.

JESAJA 59,19 (SCHLACHTER)

Nun weiß ich nicht, ob das in deiner Bibelübersetzung auch so steht. Der Feind kommt über uns wie eine Flut, wie ein Tsunami sozusagen, aber der Hauch des Herrn bzw. der Heilige Geist schlägt ihn in die Flucht. Der Feind wie eine zerstörerische Flut – das können wir uns ja noch vorstellen. Aber dann haucht der Herr nur und er muss weichen?

DER HEILIGE GEIST KÄMPFT FÜR UNS

Im Hebräischen sieht die Satzkonstruktion anders aus und sieht folgende Betonung vor:

Wenn der Bedränger kommt – wie ein Wasserstrom wird der Hauch (oder Geist) des Herrn ihn in die Flucht schlagen.

Das ist eine völlig andere Darstellung der Dinge. Wenn der Feind kommt, bricht der Heilige Geist in mir wie ein Wasserstrom hervor und schlägt ihn in die Flucht!

Jesus sagte (Johannes 7,38), aus uns würden Ströme lebendigen Wassers herausfließen! Einer dieser Ströme ist dazu da, den Feind in die Flucht zu schlagen. Aber wie fließen diese Ströme aus uns heraus?

Nicht die bloße Gegenwart des Heiligen Geistes in meinem Leben schlägt den Feind in die Flucht, sondern ich bin siegreich, wenn ich gemäß den Eingebungen des Geistes rede oder handle. Der Heilige Geist kämpft für uns, aber nicht ohne uns! Er kämpft auf unserer Seite, aber nicht an unserer Stelle!

IM GLAUBEN ERGREIFE ICH DEN HEILIGEN GEIST GOTTES, DER FÜR MICH KÄMPFT, DER MIT MIR KÄMPFT, UND DER MICH IM KAMPF INSPIRIERT.

51. DER HEILIGE GEIST, DER UNS IN SCHWIERIGEN SITUATIONEN WORTE DES LEBENS UND DER WEISHEIT EINGIBT

Wenn sie euch aber überliefern, so seid nicht besorgt, wie oder was ihr reden sollt; denn es wird euch in jener Stunde gegeben werden, was ihr reden sollt. Denn nicht ihr seid die Redenden, sondern der Geist eures Vaters, der in euch redet.

MATTHÄUS 10,19-20

Von der Frucht des Mundes eines Mannes wird sein Inneres satt, am Ertrag seiner Lippen isst er sich satt. Tod und Leben sind in der Gewalt der Zunge, und wer sie liebt, wird ihre Frucht essen.

SPRÜCHE 18,20-2

Der Vers aus Matthäus 10 ist Teil der Anweisungen Jesu an seine Jünger bei ihrer Aussendung. Sie sollten predigen und heilen und natürlich würden sie auch Widerstand und Verfolgung erleben. In diesem Zusammenhang stellt uns Jesus den Heiligen Geist vor als den, der uns helfen wird, unseren kritischen Gesprächspartnern mit göttlicher Weisheit zu antworten. Egal ob vor Gericht oder in einer anderen Situation, wann immer wir den Grund unserer Hoffnung erklären oder unseren Glauben begründen – wir können erleben, dass wir Worte aussprechen, die unser Verstand nicht zuvor ersonnen hat. Sie kommen uns *einfach so* in den Sinn, und nicht nur unsere Zuhörer, sondern auch wir selbst sind dann verblüfft, wie treffend unsere Worte doch waren.

Sicher können wir diesen Vers auch etwas ausweiten. Der Heilige Geist gibt uns nicht nur in gefährlichen Situationen Weisheit, sondern auch im Alltag. Wie oft sind wir doch versucht, unseren zweifelnden Gedanken, unseren Ängste oder anderen negativen Gedanken Worte zu geben; doch das ist selten hilfreich – ganz im Gegenteil, meist machen wir damit alles nur noch schlimmer.

Weil der Tod und das Leben in der Gewalt der Zunge sind, will ich das Leben wählen. Der Geist Gottes hilft mir, Worte des Lebens auszusprechen. Er wird mir Worte eingeben, die neue Realitäten hervorrufen, Worte der Hoffnung und des Glaubens. Wie oft hat das zum Beispiel David erlebt! Seine Psalmen sind voll davon.

IM GLAUBEN ERGREIFE ICH DEN HEILIGEN GEIST, DER MIR IN SCHWIERIGEN SITUATIONEN WORTE DES LEBENS UND DER WEISHEIT EINGIBT.

52. DER HEILIGE GEIST, DER UNS HILFT ZU BETEN

Desgleichen hilft auch der Geist unsrer Schwachheit auf. Denn wir wissen nicht, was wir beten sollen, wie sich's gebührt; sondern der Geist selbst vertritt uns mit unaussprechlichem Seufzen. Der aber die Herzen erforscht, der weiß, worauf der Gesinnung des Geistes gerichtet ist; denn er vertritt die Heiligen, wie es Gott gefällt.

RÖMER 8,26-27 (LUTHER)

Paulus, was sagst du da? Wir sind schwach und wissen eigentlich nicht, wie wir beten sollen? Wahrscheinlich wolltest du sagen, dass der Heilige Geist uns hilft, wenn wir zwischendurch mal schwach sind? – Nein, Paulus hat es genau so gemeint: Wir sind schwach!

Paulus sagte nicht, dass der Heilige Geist uns hilft, wenn wir einmal nicht wissen, was wir jetzt am besten beten sollten. Er sagte ganz eindeutig: *Wir wissen nicht, was wir beten sollen, wie es sich gehört. Genau das ist unsere Schwäche!*

Im griechischen Text kommt das noch ein wenig klarer heraus: Paulus unterstellt uns nicht, wir hätten keine Worte; aber so oft fehlt uns die Einsicht in den Willen Gottes. Denn Gott hat versprochen, uns zu erhören, wenn unsere Gebete dem Willen Gottes entsprechen (1. Johannes 5,14-15).

Wie oft habe ich schon gebetet aus meiner menschlichen Logik heraus, nach meiner Erfahrung oder nach meiner Lehrmeinung! Ich betete, als wüsste ich genau, wie zu beten es sich gebührt! Wurden vielleicht deshalb so viele meiner Gebete bis heute nicht erhört?

Möchtest du richtig gut beten lernen? Beginne dein Gebet mit Schweigen. Höre dem Geist zu. Frage ihn, wie du in diesem konkreten Fall beten sollst, selbst wenn du meinst, das sei doch sonnenklar.

Manchmal bittet mich jemand, für ihn zu beten – und nicht selten erklärt er mir auch gleich noch, wie ich beten solle. Aber ich vertraue dem Fleisch nicht mehr. Ja, ich bete für ihn, wenn mich jemand darum bittet – aber so, wie der Heilige Geist es mir zeigen wird.

Seitdem habe ich manchmal erlebt, dass der Heilige Geist mir ganz andere Bitten eingab, die scheinbar überhaupt nichts mit den Anliegen zu tun hatten, die mir vorgetragen wurden. Doch tatsächlich offenbarte mir der Heilige Geist, was diese Menschen wirklich benötigten. Es macht mir mehr und mehr Freude, mit dem Heiligen Geist zu kooperieren, um das Reich Gottes auf die Erde zu bringen!

ICH ERKENNE AN: ICH WEISS NICHT, WIE MAN NACH GOTTES WILLEN BETEN SOLL. ICH ERGREIFE SEINEN HEILIGEN GEIST, DER MIR IN MEINER SCHWACHHEIT HELFEN WIRD. DIESER GEIST WIRD MICH ZU EINEM BETER MACHEN, DESSEN GEBETE ERHÖRT WERDEN.

53. DER HEILIGE GEIST, DER FÜR UNS BITTET

Ebenso aber nimmt auch der Geist sich unserer Schwachheit an; denn wir wissen nicht, was wir bitten sollen, wie es sich gebührt, aber der Geist selbst verwendet sich für uns in unaussprechlichen Seufzern. Der aber die Herzen erforscht, weiß, was der Sinn des Geistes ist, denn er verwendet sich für Heilige Gott gemäß.

RÖMER 8,26-27

Der Heilige Geist betet für die Heiligen. Manchmal sind wir es, die diese Fürbitte dann in Worte fassen – wir machen den Mund auf und sprechen es aus. Und manchmal sind es sogar unaussprechliche Seufzer, die zum Thron aufsteigen.

Wenn Paulus schreibt: „Der aber die Herzen erforscht, weiß, was der Sinn des Geistes ist", dann spricht er vom Herrn, an den diese Fürbitte gerichtet ist. Er erwähnt Gott so einerseits als den, der uns das Gebet eingibt, aber gleichzeitig als den, der es annimmt und erhört.

„Was der Sinn des Geistes ist" – dieser Geist, der Fürbitte tut, hat also einen Sinn, eine Gesinnung: Er betet *Gott gemäß*, also so, wie Gott es möchte. Seine geistliche Fürbitte wird von einer bestimmten Absicht geleitet und verfolgt ein Ziel; wir kennen jedoch weder alle Teilschritte noch die Zwischenergebnisse. Mit Sicherheit sind wir uns nicht immer unserer wahren Bedürfnisse bewusst – der Heilige Geist kennt sie aber sehr wohl! So ist es oft auch, wenn der Heilige Geist in uns für andere Heilige betet.

Johannes schreibt:

Und dies ist die Zuversicht, die wir zu ihm haben, dass er uns hört, wenn wir etwas nach seinem Willen bitten. Und wenn wir wissen, dass er uns hört, was wir auch bitten, so wissen wir, dass wir das Erbetene haben, das wir von ihm erbeten haben.

1. JOHANNES 5,14-15

Wenn der Heilige Geist Gott gemäß bittet, dann wissen wir: Worum er gebeten hat, das wird er auch erlangen!

IM GLAUBEN ERGREIFE ICH DEN HEILIGEN GEIST, DER GOTT GEMÄSS FÜRBITTE TUT, GLEICH OB FÜR MICH ODER DURCH MICH FÜR ANDERE HEILIGE. IM GLAUBEN ERGREIFE ICH DIESEN MACHTVOLLEN FÜRBITTER.

54. DER HEILIGE GEIST, DER UNS IN UNSERER SCHWACHHEIT HILFT

Ebenso aber nimmt auch der Geist sich unserer Schwachheit an.

RÖMER 8,26

Lange Zeit habe ich ein falsches Evangelium geglaubt. Mein Motto lautete:
Glücklich die, die im Geist stark sind!

Ich war wirklich auf der Suche nach geistlicher Macht. Alles war mir recht, wenn es mich nur stark und noch stärker machte im Herrn. Ich machte Kraft zu meinem Götzen und ich hasste Schwäche. Wen wundert es, dass ich auch mir selbst gegenüber sehr hart wurde? Doch das war nicht die Gesinnung Jesu.

Jesus sagte in der Bergpredigt genau das Gegenteil: *Glückselig die Armen im Geist.*

Das Wort, das hier mit *arm* übersetzt wird, bedeutet auch: *Bettler; jemand, der nicht für seine eigenen Bedürfnisse aufkommen kann; jemand, der ohne Auskommen ist; jemand, der von anderen abhängig ist.*

Meine Erfahrung hat mich gelehrt: Wenn wir uns stark fühlen, suchen wir nicht nach Hilfe von oben. Dann ist es sehr schwer, an womöglich mehreren Fronten zu kämpfen. Denn unsere eigene Kraft genügt nicht! Wenn wir dagegen ohne Kraft sind, dann verlassen wir uns auf den Geist, der uns in unserer Schwachheit zu Hilfe kommt.

Ich bin heute zufrieden, schwach zu sein – denn wenn ich schwach bin, wirkt Gottes Kraft in mir (2. Korinther 12,9). Dies ist keine falsche Demut; meine Schwäche ist viel gefährlicher für den Feind als meine Kraft. Auch im Kampf gegen die Sünde ist meine Schwachheit viel stärker als meine Kraft, denn in der Schwachheit hilft mir der Heilige Geist.

Schon bei der Schöpfung stellte Gott fest:

Es ist nicht gut, dass der Mensch allein sei; ich will ihm eine Hilfe machen, die ihm entspricht.

1. MOSE 2,18

Ich danke Gott für die Frau, die er mir gegeben hat – sie ist für mich eine Hilfe von unschätzbarem Wert! Aber ich bin mir bewusst: Die wahre Hilfe, die Gott vorgesehen hat, um all meine Schwächen zu decken, ist der Heilige Geist.

IM GLAUBEN ERGREIFE ICH DEN HEILIGEN GEIST, DER MIR IN MEINER SCHWACHHEIT ZU HILFE KOMMT. WENN ICH SCHWACH BIN, ERWEIST ER SICH ALS STARK. WENN ICH AM ENDE MEINER MÖGLICHKEITEN BIN, FÄNGT ER GERADE MAL AN. IN DER SCHWACHHEIT WERDE ICH NICHT BESIEGT WERDEN, DENN ICH RECHNE MIT SEINER HILFE.

55. DER GEIST DESSEN, DER JESUS AUS DEN TOTEN AUFERWECKT HAT

Wenn aber der Geist dessen, der Jesus aus den Toten auferweckt hat, in euch wohnt, so wird er, der Christus Jesus aus den Toten auferweckt hat, auch eure sterblichen Leiber lebendig machen wegen seines in euch wohnenden Geistes.

RÖMER 8,11

Jesus wurde also durch den Heiligen Geist aus den Toten auferweckt – und dieser selbe Geist wohnt in uns!

Dieser Geist ist fähig, Tote lebendig zu machen (Offenbarung 11,11 oder 11,7-8 und 11); er ist *allmächtig.*

Er „wird eure sterblichen Leiber lebendig machen" – wörtlich steht da: ... *eure Körper, die dem Tod unterworfen sind* ... Viele sehen in diesem Vers einen Hinweis auf die Auferstehung unseres Körpers, und das sicher mit Recht. Aber da gibt es noch etwas: Paulus sagt nicht, dass der Heilige Geist unseren bereits toten Körper lebendig macht. Diese Verheißung gilt unserem Körper zu unseren Lebzeiten. Allerdings ist dieser dem Tod unterworfen und wird deshalb irgendwann sterben – deshalb „eure sterblichen Leiber".

Wir haben hier eine Verheißung für unseren Körper, dass er wieder unter die Herrschaft des Lebens kommen kann. Hier ist ein Prinzip für Gesundheit auf Gottes Art. Worauf beruhte die Gesundheit Jesu, als er auf der Erde lebte? Nirgends lesen wir, dass er auch mal krank oder unpässlich gewesen wäre. Durch seinen Geist, der in uns lebt, will Gott unseren Körper lebendig machen, beleben.

IM GLAUBEN ERGREIFE ICH, DASS DER GEIST IN MIR WOHNT, DER JESUS VON DEN TOTEN AUFERWECKT HAT. ER WIRD MEINEM STERBLICHEN LEIB LEBEN GEBEN.

56. DER HEILIGE GEIST, DER UNSEREM KÖRPER LEBEN GIBT

Wenn aber der Geist dessen, der Jesus aus den Toten auferweckt hat, in euch wohnt, so wird er, der Christus Jesus aus den Toten auferweckt hat, auch eure sterblichen Leiber lebendig machen wegen seines in euch wohnenden Geistes.

RÖMER 8,11

Sterbliche Leiber, was sind das genau? Körper, die irgendeinmal sterben können, sterben werden, sterben müssen. Also Körper, die noch am Leben sind, richtig? Demnach geht es in diesem Vers nicht um die Auferstehung der Toten, sondern vielmehr um die Macht des Heiligen Geistes, unseren noch lebenden Körper durch die Gnade Gottes zu erneuern. Der Heilige Geist, der den leblosen Körper Jesu auferweckte, wird auch das Leben in unseren (lebenden) Körpern erneuern. Dieses Leben kommt aus unserem Inneren, denn dieser lebendig machende Heilige Geist wohnt in uns.

Dem aber, der über alles hinaus zu tun vermag, über die Maßen mehr, als wir erbitten oder erdenken, gemäß der Kraft, die in uns wirkt ...

EPHESER 3,20

Über alles hinaus, was wir erbitten oder erdenken können, handelt Gott durch seine Macht, die in uns wirkt. *Sein Handeln geschieht von innen heraus*!

Da seine göttliche Kraft uns alles zum Leben und zur Gottseligkeit geschenkt hat durch die Erkenntnis dessen, der uns berufen hat durch seine eigene Herrlichkeit und Tugend ...

2. PETRUS 1,3

Seine göttliche Kraft, der Heilige Geist, wohnt in uns; und er gibt uns alles, was zum Leben führt. *Das, was uns Leben bringt, am Leben erhält, was unser Leben stärkt, kommt von innen!*

Mehr als alles, was man sonst bewahrt, behüte dein Herz! Denn in ihm entspringt die Quelle des Lebens.

SPRÜCHE 4,23

Die Quellen des Lebens kommen aus dem Herzen, also aus deinem Inneren! Achte darauf, diese heilende Salbung nicht in deinem Geist eingesperrt zu halten – erlaube ihr, deine Seele und deinen Körper zu erfüllen, ja zu überfluten!

Eines Mannes Geist erträgt seine Krankheit; aber einen niedergeschlagenen Geist, wer richtet den auf?

SPRÜCHE 18,14

In der Einheitsübersetzung lesen wir es so:

Der Geist des Menschen überwindet die Krankheit, doch einen zerschlagenen Geist, wer kann den aufrichten?

SPRÜCHE 18,14

Ja, was stimmt denn nun? *Erträgt* er die Krankheit, oder *überwindet* er sie? Ertragen bedeutet hier nicht, sich mehr oder weniger zähneknirschend in Unabänderliches zu fügen und es eben auszuhalten. Das hebräische *kool* bedeutet: *jemanden ernähren, mit Brot versorgen, Unterstützung oder Unterhalt gewähren, jemanden versorgen, unterhalten, unterstützen, pflegen, erhalten, ihm Zugang zu einem Vorrat gewähren.* Man könnte diesen Vers also auch so wiedergeben: „Der Geist des Menschen hat alles in sich, was er braucht, um eine Krankheit zu überwinden – wenn er in gutem Zustand ist.“ In uns lebt der lebendig machende Heilige Geist, mit ihm haben wir also die ganze Versorgung, die wir brauchen. So kann unser Geist Krankheiten überwinden und Prüfungen bestehen.

Wir sind meistens mit dem Konzept der inneren Heilung vertraut. Es ist Zeit, dass wir uns *mit körperlicher Heilung von innen heraus* vertraut machen.

IM GLAUBEN ERGREIFE ICH DEN HEILIGEN GEIST, DER MEINEM KÖRPER LEBEN BRINGT UND MICH IN MEINEM INNEREN MIT ALL DEM VERSORGT, WAS ZU MEINER GESUNDHEIT FÜHRT.

57. DER HEILIGE GEIST, DER UNSEREN INNEREN MENSCHEN STÄRKT

Er gebe euch nach dem Reichtum seiner Herrlichkeit, mit Kraft gestärkt zu werden durch seinen Geist an dem inneren Menschen; dass der Christus durch den Glauben in euren Herzen wohne und ihr in Liebe gewurzelt und gegründet seid, damit ihr imstande seid, mit allen Heiligen völlig zu erfassen, was die Breite und Länge und Höhe und Tiefe ist, und zu erkennen die die Erkenntnis übersteigende Liebe des Christus, damit ihr erfüllt werdet zur ganzen Fülle Gottes.

EPHESER 3,16-19

Der Heilige Geist stärkt also unseren inneren Menschen mit Kraft. So gestärkt finden wir zu einem gemeinsamen und immer größeren Verständnis der Liebe Christi, die wir immer besser kennenlernen und zunehmend selbst erleben. Diese Liebe wird uns zur Fülle Gottes bringen.

Der Heilige Geist stärkt uns in unserem Inneren – in mehrfacher Hinsicht:

- *Er festigt unseren Glauben an die Tatsache, dass Christus in uns lebt.* Unser Glaube wird genährt durch die unerschütterliche Gewissheit (Zeugnis), dass Christus in unserem Herzen lebt.

- *Er verwurzelt und gründet uns in der Liebe*: Wir werden in seiner Liebe Wurzeln schlagen und wachsen. Gegründet sein – das bringt Stabilität.
- *Er lässt uns die volle Dimension seiner Liebe erfassen* (das betrifft unser Verständnis) und er lässt uns *die Liebe Christi erkennen* (das sind Erfahrungen), diese Liebe, die alle Erkenntnis doch noch weit übersteigt.

Diese drei Bereiche geben uns eine Vorstellung davon, was die Bibel meint mit „gestärkt zu werden ... am inneren Menschen".

Außerdem wird der Heilige Geist sein Werk fortführen, bis wir mit der ganzen Fülle Gottes angefüllt sind!

IM GLAUBEN ERGREIFE ICH DEN HEILIGEN GEIST, DER MICH IN MEINEM INNEREN MENSCHEN STÄRKT. ER WIRD ES TUN, BIS ICH MIT DER GANZEN FÜLLE GOTTES ERFÜLLT BIN.

58. DER HEILIGE GEIST, DURCH DEN WIR ERKENNEN, WAS GOTT UNS SCHENKT

Sondern wie geschrieben steht: „Was kein Auge gesehen und kein Ohr gehört hat und in keines Menschen Herz gekommen ist, was Gott denen bereitet hat, die ihn lieben." Uns aber hat Gott es offenbart durch den Geist, denn der Geist erforscht alles, auch die Tiefen Gottes. Denn wer von den Menschen weiß, was im Menschen ist, als nur der Geist des Menschen, der in ihm ist? So hat auch niemand erkannt, was in Gott ist, als nur der Geist Gottes. Wir aber haben nicht den Geist der Welt empfangen, sondern den Geist, der aus Gott ist, damit wir die Dinge kennen, die uns von Gott geschenkt sind.

1. KORINTHER 2,9-12

Da seine göttliche Kraft uns alles zum Leben und zur Gottseligkeit geschenkt hat durch die Erkenntnis dessen, der uns berufen hat durch seine eigene Herrlichkeit und Tugend ...

2. PETRUS 1,3

Unser Verstand kann das Heil Gottes nicht vollständig erfassen. Wir sind begrenzt; wir haben nicht genug Wissen, zu wenig Erfahrung und noch nicht einmal genug Vorstellungskraft dafür. Wollten wir auflisten, was Gott uns mit der Errettung geschenkt hat, wir könnten sicher nicht alles umfassend wiedergeben. Dazu kommt noch all das, was Gott denen bereitet hat, die ihn lieben – unsere Liste müsste unvollständig bleiben. Jeden Tag gibt es da Neues zu entdecken.

Petrus sagt, Gott habe uns *alles* geschenkt, was zum Leben und zur Gottseligkeit vonnöten ist. *Alles* – was genau und wie viel von jedem und überhaupt, wie viel ist das? Falsche Frage, möchte man erwidern. Für dieses *Alles* gibt es keine Maßeinheit, keine Waage und kein Messbecher. Darum geht es ja auch gar nicht; Gott will, dass wir dieses *Alles* genießen; Gott möchte, dass wir es im Glauben ergreifen – aber woher soll man Glauben haben für etwas, das man weder kennt noch wovon man weiß, dass es bereitgehalten wird?

Der Heilige Geist hilft uns zu erkennen, was Gott uns in seiner Gnade geschenkt hat. Er möchte uns offenbaren, was dieses „alles ... zum Leben und zur Gottseligkeit" bedeutet. Durch seinen Geist übermittelt Gott uns die Offenbarung darüber, was seine Gnade für uns alles in sich trägt und mit sich bringt.

Der griechische Text ist eindeutig. Wenn Gott uns diese Dinge offenbaren will, dann zu einem Zweck: Damit wir sie erleben und erfahren.

IM GLAUBEN ERGREIFE ICH DEN GEIST GOTTES, DER MIR ALLES OFFENBART, WAS GOTT MIR BEREITET HAT UND MIR IN SEINER GNADE GESCHENKT HAT, DAMIT ICH ES ERLEBE.

59. DER HEILIGE GEIST, DER UNS DEN SINN CHRISTI VERMITTELT

Sondern wie geschrieben steht: „Was kein Auge gesehen und kein Ohr gehört hat und in keines Menschen Herz gekommen ist, was Gott denen bereitet hat, die ihn lieben." Uns aber hat Gott es offenbart durch den Geist, denn der Geist erforscht alles, auch die Tiefen Gottes. Denn wer von den Menschen weiß, was im Menschen ist, als nur der Geist des Menschen, der in ihm ist? So hat auch niemand erkannt, was in Gott ist, als nur der Geist Gottes. Wir aber haben nicht den Geist der Welt empfangen, sondern den Geist, der aus Gott ist, damit wir die Dinge kennen, die uns von Gott geschenkt sind. Davon reden wir auch, nicht in Worten, gelehrt durch menschliche Weisheit, sondern in Worten, gelehrt durch den Geist, indem wir Geistliches durch Geistliches deuten. Ein natürlicher Mensch aber nimmt nicht an, was des Geistes Gottes ist, denn es ist ihm eine Torheit, und er kann es nicht erkennen, weil es geistlich beurteilt wird. Der geistliche Mensch dagegen beurteilt zwar alles, er selbst jedoch wird von niemand beurteilt. Denn „wer hat den Sinn des Herrn erkannt, dass er ihn unterweisen könnte?" Wir aber haben Christi Sinn.

1. KORINTHER 2,9-16

In 1. Korinther 12,13-14 hebt der Heilige Geist den Schleier von uns weg und nimmt uns mit zu einer Versammlung der Gemeinde des ersten Jahrhunderts. Dies ist eine der deutlichsten Stellen, die uns diese Sicht gestattet. Wir können wirklich beobachten, was sich bei den ersten Treffen der Urgemeinde ereignete:

Denn in einem Geist sind wir alle zu einem Leib getauft worden, es seien Juden oder Griechen, es seien Sklaven oder Freie, und sind alle mit einem Geist getränkt worden. Denn auch der Leib ist nicht ein Glied, sondern viele.

1. KORINTHER 12,13-14

Wir treffen hier eine Gruppe ohne jede übergeordnete menschliche Autorität. Es gibt auch keinen, der in der Gruppe allein das Sagen hätte; da ist kein fester Ablauf, keine Liturgie. In dieser Versammlung kann sich jeder frei äußern. Worüber tauschen sie sich aus? Was diese Leute einander mitteilen, ist Christus selbst.

In 1. Korinther 12 erklärt Paulus, wie das zugehen kann: Wir alle, die wir an Jesus Christus glauben, sind Glieder des Leibes. Demnach sind also einige von uns Augen, andere sind Ohren und wieder andere Hände. Nur wenn seine Glieder zusammenkommen und jedes auf seine Art funktioniert, wird Christus offenbar und sichtbar für andere. Warum? *Weil nur im Zusammenspiel, in der Gemeinschaft jedes Glied seines Leibes gut funktionieren kann!*

Um das besser zu verstehen, stelle dir einmal ein Poster mit dem Bild irgendeiner bekannten Persönlichkeit vor. Dieses Poster ist in viele Stücke zerschnitten. Wenn du nur das Stück mit dem Auge vor dir hast, kannst du dann erkennen, um wen es sich da handelt? Natürlich nicht! Selbst wenn man dir dann noch das Stück mit dem Ohr zeigt, wird es immer noch ziemlich schwierig sein, diese Person zu identifizieren. Erst wenn du alle Teile zusammengefügt hast,

kannst du erkennen, wer hier abgebildet ist
Christus kann nicht erkannt, nicht sichtbar werden, wenn nicht alle Glieder seines Leibes gut miteinander verbunden sind und gut zusammenarbeiten. Das ist sozusagen die Mindestanforderung. Es kann nicht die Verantwortung eines einzigen Gliedes sein, ihn der Welt bekannt zu machen. Das Auge für sich genommen kann ihn nicht offenbaren, auch nicht die Hand und auch nicht der Fuß. Es braucht den gesamten Leib Christi, um ihn zu erleben!

Paulus erklärt:

Was aber die geistlichen Gaben betrifft, Brüder, so will ich nicht, dass ihr ohne Kenntnis seid.

1. KORINTHER 12,1

Dann fährt er fort und sagt:

Es gibt aber Verschiedenheiten von Gnadengaben, aber es ist derselbe Geist; und es gibt Verschiedenheiten von Diensten, und es ist derselbe Herr; und es gibt Verschiedenheiten von Wirkungen, aber es ist derselbe Gott, der alles in allen wirkt.

1. KORINTHER 12,4-6

Gott kann also auf verschiedene Weise kommunizieren, aber er ist immer noch derselbe Gott, der da redet!

Bevor sie sich zum Herrn bekehrten, waren die Korinther anderen Göttern gefolgt, Paulus nennt sie stumme Götzen. Jesus Christus aber kann reden. Er redet und offenbart seine Gedanken (seinen Sinn) durch seinen Leib – und das ist die Gemeinde, die Versammlung seiner Jünger. Es braucht also den gesamten Leib, um die Gedanken und Pläne Christi vollständig zu offenbaren.

Und jetzt kommen wir wieder zurück auf das Bibelzitat vom Anfang dieses Kapitels (1. Korinther 2,9):
„Was kein Auge gesehen hat ..."
Interessant – hier steht die Einzahl, im Französischen kann man das sehr schön sehen: Ein Auge – ein einziges – hat nicht gesehen ...

„... was kein Ohr gehört hat ..."
Wieder Einzahl.

„... was in keines Menschen Herz gekommen ist ..."
Und auch hier ist von einem einzigen Herzen die Rede.

„... was Gott denen bereitet hat, die ihn lieben, das hat uns Gott durch den Geist offenbart."
Und hier steht nun der Plural!

Und nun springen wir zum Ende der zitierten Passage, zu Vers 16: „Wer hat den Sinn des Herrn erkannt, dass er ihn unterweisen könnte?" – Das scheint eine absurde Frage zu sein! Aber was auffällt, ist, dass hier wieder in der Einzahl gesprochen wird, wie um zu sagen: Gibt es ein einziges Individuum, das den Sinn, die Gesinnung des Herrn erkannt hat, um auf dieser Grundlage Gott unterweisen zu können?

Die Antwort ist klar: Keine Einzelperson, kein Individuum – niemand hat den Sinn des Herrn vollständig erkannt! Aber gleichzeitig macht Paulus eine bemerkenswerte Erklärung: „Wir aber haben Christi Sinn."

Ja, wir zusammen, wir als Ganzes haben die Gesinnung Christi!

Das Denken Christi lässt sich nur gemeinsam entdecken. Die Gesinnung Christi – das ist nicht das Vorrecht eines Christen alleine. Dies ist Vorrecht der Gemeinde, des Leibes!

IM GLAUBEN ERGREIFE ICH DEN HEILIGEN GEIST, DER MIR DEN SINN CHRISTI OFFENBART; ICH HÖRE ALSO AUFMERKSAM, WAS ER DURCH ANDERE OFFENBAREN WIRD, UND ICH WERDE ANDEREN NICHT DAS VORENTHALTEN, WAS ICH BEIZUTRAGEN HABE.

60. DER HEILIGE GEIST, ZU DEM MAN SICH VON GANZEM HERZEN BEKEHRT

Aber ihr Sinn ist verstockt worden, denn bis auf den heutigen Tag bleibt dieselbe Decke auf der Verlesung des Alten Testaments und wird nicht aufgedeckt, weil sie nur in Christus beseitigt wird. Aber bis heute, sooft Mose gelesen wird, liegt eine Decke auf ihrem Herzen. Dann aber, wenn es sich zum Herrn wendet, wird die Decke weggenommen. Der Herr aber ist der Geist; wo aber der Geist des Herrn ist, ist Freiheit. Wir alle aber schauen mit aufgedecktem Angesicht die Herrlichkeit des Herrn an und werden so verwandelt in dasselbe Bild von Herrlichkeit zu Herrlichkeit, wie es vom Herrn, dem Geist, geschieht.

2. KORINTHER 3,14-18

Diese Stelle spricht von einer wahren Bekehrung. In manchen Übersetzungen wird das Verb *epistrepho*, das *sich bekehren* bedeutet, mit *sich umdrehen*, *abwenden* oder *umwenden* übersetzt (man findet dieses Wort in Matthäus 13,15 und mehrmals in der Apostelgeschichte – 3,19; 9,35; 14,15; 26,18; 26,20).

Paulus beschreibt den Prozess der Bekehrung so:

Zuerst öffnet sich ein Mensch dafür, sein Denken zu verändern – griechisch *metanoia* (*eine Veränderung des Denkens, der Gesinnung, der Mentalität;* man könnte es auch *Umsinnung* nennen). Irgendwann ist auch sein Herz zu einer Kehrtwendung bereit, dann betritt er den Weg des *epistrepho* (*der Bekehrung, der Umkehr*).

Aber wo oder zu wem sollen sich unsere bekehrten Herzen dann hinkehren? Lesen wir diese Bibelstelle noch einmal: „Wenn sich ihre Herzen zum Herrn bekehren ... der Herr aber ist der Geist“ (2. Korinther 3,16).

Jedes Kind Gottes muss sich also (auch) zum Heiligen Geist bekehren!

Diese Bekehrung des Herzens zum Heiligen Geist bedeutet, dass das Herz nun auf den Heiligen Geist hin ausgerichtet ist. Es bedeutet, dass man sich in seinem Herzen entschieden hat, dem Heiligen Geist zu gefallen. Es bedeutet, dass man sich ihm anvertraut und ihn sucht. Es bedeutet, dass man dem Geist mehr Autorität beimisst als den eigenen Argumenten und Wünschen. Es bedeutet: Unser Herz ist vom Geist ganz ergriffen, wir leben in einer tiefen Beziehung zu ihm.

Kann man sich zum Herrn bekehrt haben und an das Heil glauben, das Jesus uns anbietet, ohne diese Herzensbekehrung zum Heiligen Geist?

Die Erfahrung zeigt uns: Ja! Die Bekehrung zum Heiligen Geist ist nicht eine Frage der Heilsgewissheit. Wer sein Leben Jesus übergeben hat, ist errettet. Der wichtigste Schritt unseres Lebens ist, dass wir das Werk Christi annehmen, welches uns ohne Gegenleistung die Tür zur Ewigkeit öffnet („Glaube an den Herrn Jesus, und du wirst gerettet werden“) – aber wenn wir nicht den nächsten Schritt tun, bleiben wir eben auf der Schwelle stehen! (Du kannst ja einmal ausprobieren, wie sich das anfühlt, wenn du Freunde besuchst.) Wir sind zwar gerettet, aber Gott hätte doch noch viel mehr für uns! Paulus zieht das Fazit eines solchen Christenlebens: „Wenn jemandes Werk verbrennen wird, so wird er Schaden leiden, er selbst aber wird gerettet werden, doch so wie durchs Feuer“ (1. Korinther 3,15).

Unsere Bekehrung zum Heiligen Geist ist der zweite Schritt im Reich Gottes. Auch hier ist unser Herz gefragt – das freiwillige Streben, weiterzukommen. Dieser Schritt öffnet uns die Tür zur Heiligung.

IM GLAUBEN ERGREIFE ICH DEN HEILIGEN GEIST ALS DEN HERRN, ZU DEM ICH MEIN HERZ BEKEHRE. NACH DIESER ENTSCHEIDUNG WILL ICH MIT IHM WEITERGEHEN.

61. DER HEILIGE GEIST, DER UNS VERÄNDERT – VON EINER HERRLICHKEIT ZUR NÄCHSTEN

Wir alle aber schauen mit aufgedecktem Angesicht die Herrlichkeit des Herrn an und werden so verwandelt in dasselbe Bild von Herrlichkeit zu Herrlichkeit, wie es vom Herrn, dem Geist, geschieht.

2. KORINTHER 3,18

Geliebte, jetzt sind wir Kinder Gottes, und es ist noch nicht offenbar geworden, was wir sein werden; wir wissen, dass wir, wenn es offenbar werden wird, ihm gleich sein werden, denn wir werden ihn sehen, wie er ist.

1. JOHANNES 3,2

Paulus sagt, dass wir von Herrlichkeit zu Herrlichkeit verwandelt werden. Das bedeutet, dass wir schon in einem Zustand der Herrlichkeit sind, doch der Heilige Geist will uns zur nächstgrößeren Herrlichkeit bringen. Im Originaltext steht hier sogar, wir würden *verwandelt* oder *umgestaltet*; das griechische Wort gehört zur Wortfamilie von *Metamorphose* und wird mitunter auch übersetzt mit *verklärt*.

Wir werden verwandelt. Im Anschauen Jesu Christi liegt eine große Kraft zur Veränderung. Wenn wir ihn ansehen, werden wir so wie er. Wie Mose die Herrlichkeit des Herrn widerspiegelte, so werden auch wir in der Herrlichkeit des Christus strahlen. Wir werden verwandelt in dasselbe Bild, also ihm immer ähnlicher.

Von Herrlichkeit zu Herrlichkeit. Das heißt: Wir gelangen von einem gewissen Level an Herrlichkeit zum nächsthöheren. Dies ist ein wunderschöner Vergleich: Indem wir den Herrn anschauen, werden wir ihm ähnlich und wir spiegeln seine Herrlichkeit wider. Er verändert uns – jedes Mal, wenn wir Christus im Wort, in uns selbst, in unserem Nächsten oder in unseren Umständen erkennen und betrachten.

Johannes sagt uns in seinem ersten Brief (3,2), dass die ultimative Verwandlung nach dem gleichen Prinzip geschehen wird: Wenn wir ihn so sehen, wie er ist, werden wir ihm gleich.

Aber wir müssen nicht irgendwie dieses Leben hinter uns bringen, um Jesus endlich kennenzulernen und ihn zu sehen. Wir müssen dazu auch nicht seine Wiederkunft abwarten. Heute schon können wir ihn so sehen wie in einem Spiegel; wir können die Widerspiegelung der Realität Christi in uns aufnehmen und so durch den Geist Gottes in dasselbe Bild verwandelt werden!

Ich will mir dieses Angebot nicht entgehen lassen!

IM GLAUBEN ERGREIFE ICH DEN HEILIGEN GEIST, DER MICH VON HERRLICHKEIT ZU HERRLICHKEIT VERWANDELT IN DAS EBENBILD CHRISTI –JEDES MAL, WENN ICH DEN HERRN BETRACHTE.

62. DER HEILIGE GEIST, DESSEN DIENER ICH BIN

Der uns auch tüchtig gemacht hat zu Dienern des neuen Bundes, nicht des Buchstabens, sondern des Geistes. Denn der Buchstabe tötet, der Geist aber macht lebendig. Wenn aber schon der Dienst des Todes, mit Buchstaben in Steine eingegraben, in Herrlichkeit geschah, so dass die Söhne Israels nicht fest in das Angesicht Moses schauen konnten wegen der Herrlichkeit seines Angesichts, die doch verging, wie wird nicht vielmehr der Dienst des Geistes in Herrlichkeit bestehen? Denn wenn der Dienst der Verdammnis Herrlichkeit ist, so ist der Dienst der Gerechtigkeit noch viel reicher an Herrlichkeit.

2. KORINTHER 3,6-9

ZUM DIENST BERUFEN

Die Bekehrung zum Heiligen Geist ist unverzichtbar, wenn wir Gott dienen wollen. Gott dienen können wir nur, indem wir seinem Geist gehorchen und umgekehrt: Diener Gottes sind Leute, die dem Heiligen Geist gehorchen.
Im Vers 6 lesen wir den Ausdruck *Diener des Geistes*. Diener ist hier die Übersetzung des griechischen Wortes *diakonos*, was *Diener* oder *Knecht* bedeutet, nicht Sklave. Gemäß Römer 6,16 kann man nur dann ein Sklave sein, wenn man sich selbst in Sklaverei begibt. Der Heilige Geist ist kein Tyrann, er möchte nur freiwilligen Gehorsam. Als Diener des Geistes gehorchen wir ihm freiwillig, aus Liebe geben wir uns ihm hin.
Im Vers 8 ist die Rede vom Dienst des Geistes; damit meint Paulus uns alle, die Jesus Christus zu ihrem Herrn erklärt haben. Nicht nur eine kleine Schar von Auserwählten hat Gott zu seinem Dienst berufen, sondern uns alle. Ist das nicht gut zu wissen?

Du bist bereits berufen, warte also nicht darauf, dass du erst noch berufen wirst.

Paulus sagt weiter, dass wir diesen Dienst durch Gnade empfangen haben (2. Korinther 4,1, Römer 5,2). Und du weißt schon: Wie immer, wenn Gnade im Spiel ist, muss unser Glaube aktiv werden und sich diesen Dienst aneignen.

Paulus nennt den Dienst des alten Bundes den Dienst der Verdammnis, während er den Dienst, zu dem *wir* berufen sind, Dienst der Gerechtigkeit nennt. In diesem Dienst sind wir ausgerichtet auf die Gerechtigkeit des Königreiches Gottes.

In den folgenden Versen (2. Korinther 4,1-5) zeigt Paulus uns weitere Aspekte dieses Dienstes:

Ausdauer:
„Wir ermatten nicht“ (Vers 1).

Integrität:
„Wir haben den geheimen Dingen, deren man sich schämen muss, entsagt“;
„wir wandeln nicht in Arglist, noch verfälschen wir das Wort Gottes“ (Vers 2);
„denn wir predigen nicht uns selbst, sondern Christus Jesus“ (Vers 5); wir betonen also nicht unsere Werke, sondern das, was Christus getan hat und tut.)

Glaube:
Wir richten unsere Augen auf das Unsichtbare (Vers 18).

Ausdauer, Integrität und Glauben – das sind wichtige Werte in diesem Dienst des Geistes.

IM GLAUBEN ERGREIFE ICH DEN HEILIGEN GEIST, DESSEN DIENER ICH BIN. ICH ENTSCHEIDE MICH FÜR GEHORSAM, AUSDAUER, INTEGRITÄT UND GLAUBEN, UM DIESEN DIENST AUSZUFÜHREN.

63. DER HEILIGE GEIST, MIT DEM WIR GEMEINSCHAFT HABEN

Die Gnade des Herrn Jesus Christus und die Liebe Gottes und die Gemeinschaft des Heiligen Geistes sei mit euch allen!

2. KORINTHER 13,13

Wenn es nun irgendeine Ermunterung in Christus gibt, wenn irgendeinen Trost der Liebe, wenn irgendeine Gemeinschaft des Geistes, wenn irgendein herzliches Mitleid und Erbarmen ...

PHILIPPER 2,1

Als junger Bekehrter fragte ich meinen Pastor, was das Wort Gemeinschaft bedeute. Er antwortete mir:
Ganz einfach, Gemeinschaft bedeutet eine gemeinsame Einheit!
Man handelt und lebt so, als wäre man eine Person.
Diese Antwort ist so einfach und so tief. Es ist ein bisschen wie in einer Ehe: Man wird eins, und man lebt und handelt gemeinsam.

Diese Gemeinschaft mit dem Heiligen Geist ist so wichtig, dass Paulus ihr sogar denselben Stellenwert gibt wie der Gnade des Herrn Jesus Christus und der Liebe Gottes!
Das griechische Wort für Gemeinschaft, *koinonia*, hat verschiedene Aspekte, zum Beispiel *ein Begleiter sein, miteinander kommunizie-*

ren, miteinander Geschäfte machen, etwas teilen. Dabei geht es also um Beziehung, um das Mitteilen, um Partnerschaft, um Kommunikation, um Verbindung. All dies können wir erleben; solch eine Gemeinschaft möchte der Heilige Geist mit uns persönlich pflegen.

In der Apostelgeschichte gibt es mehrere Beispiele für diese Zusammenarbeit, die Gemeinschaft mit dem Heiligen Geist. Und die Zeit der Gemeinschaft mit dem Heiligen Geist ist noch nicht vorbei. Auch heute können wir das erleben.

Paulus sagt in 1. Korinther 6,17: „Wer aber dem Herrn anhängt, ist ein Geist mit ihm." Unsere Aufgabe ist, uns an den Herrn anzuhängen, denn nur in dieser Verbindung haben wir Gemeinschaft mit dem Heiligen Geist. Ja, Gott hat die Initiative ergriffen und uns diese Gemeinschaft mit dem Heiligen Geist erst ermöglicht; wenn wir darauf eingehen und in dieser Gemeinschaft leben, wenn wir ihm anhängen, werden ein Geist mit ihm.

Keine Gemeinschaft ohne Kommunikation. Rede mit dem Heiligen Geist – die Tür ist offen.

IM GLAUBEN ERGREIFE ICH DEN GEIST, MIT DEM ICH GEMEINSCHAFT HABEN KANN. ICH WERDE DIESE GEMEINSCHAFT PFLEGEN UND MICH IHR HINGEBEN. ICH WERDE MIR ZEIT NEHMEN FÜR DIE GEMEINSCHAFT MIT DEM HEILIGEN GEIST.

64. DER HEILIGE GEIST – STRÖME LEBENDIGEN WASSERS, DIE AUS UNS HERAUSFLIESSEN

An dem letzten, dem großen Tag des Festes aber stand Jesus und rief und sprach: Wenn jemand dürstet, so komme er zu mir und trinke! Wer an mich glaubt, wie die Schrift gesagt hat, aus seinem Leibe werden Ströme lebendigen Wassers fließen. Dies aber sagte er von dem Geist, den die empfangen sollten, die an ihn glaubten; denn noch war der Geist nicht da, weil Jesus noch nicht verherrlicht worden war.

JOHANNES 7,37-39

Wenn jemand dürstet: Dieses Wort ergeht also nicht an die, die satt und zufrieden sind, sondern an die Durstigen. Weiter gibt es da keine

Einschränkung: *Alle, die Durst haben*, sind eingeladen!
Aber diese eine Bedingung steht: Wenn jemand dürstet. Der Durst ist eine wesentliche Bedingung.

So komme er zu mir: Dies ist eine Einladung! So komme er – nicht zum Pastor, nicht zur Gemeinde, sondern zu Jesus. Es gibt nur einen Vermittler zwischen Gott und den Menschen, den Menschen Jesus Christus. Aber zwischen Jesus Christus und den Menschen gibt es keinen Vermittler: Wir haben direkten Zugang zu ihm!
Und trinke: Jesus sagte nicht, wir sollten kommen und uns das Wasser ansehen – oder dafür dankbar sein oder uns etwas davon ins Gesicht spritzen.

Er sagte auch nicht: „So komme er zu mir und wisse, dass ich Wasser geben kann" oder „So komme er zu mir, um die Beschaffenheit des Wassers erklären zu können", oder „So komme er zu mir und analysiere das Wasser" oder „So komme er zu mir; aber bevor er trinkt, soll er sich erst einmal waschen."

Jesus sagte: „So komme er zu mir und trinke!"

Die Zeitform dieses griechischen Verbes beschreibt eine beständige, sich wiederholende Aktion. Außerdem steht hier die Befehlsform.

Das Wort Gottes sagt uns, dass es auch ein geistliches Getränk gibt (1. Korinther 10,4), das man, geistlich gesehen, trinken kann.

Wer an mich glaubt, wie die Schrift sagt ...
Wörtlich steht hier *der (andauernd) Gläubige*, nicht: *Wer schon einmal an mich geglaubt hat*. Jesus lädt alle die ein, die glauben und auch *weiterhin beständig glauben*. Es liegt nahe zu denken, dass Jesus sich

hier auf einen Vers aus dem Alten Testament bezieht; ich habe ihn noch nicht gefunden. Ich sehe in dieser Aussage eine Einladung, so zu glauben, *wie die Schrift es sagt*, und den Glauben zur Tat werden zu lassen. Wenn wir glauben, wie die Schrift es sagt, dann glauben wir nur Gott alleine. Dann glauben wir von ganzem Herzen und ohne zu zweifeln – nicht weil wir Beweise hätten, sondern weil wir das Wort Gottes haben!

Wer an Jesus glaubt, *wie die Schrift sagt*, glaubt an ihn so, wie er es aus der Schrift erkennt, wie der Herr es ihm aus dem Wort Gottes offenbart.

... *von seinem Leib werden Ströme lebendigen Wassers fließen* – wörtlich: aus seinem Bauch, aus seiner Gebärmutter.

Dazu braucht es weder eine Wasserpumpe noch Flaschen oder Fässer; Jesus verspricht uns auch nicht einfach einen Strom, sondern Ströme lebendigen Wassers! Sind wir nicht oft wie die Samariterin, für die es selbstverständlich war, dass ihr Krug wieder leer werden würde und dann müsste sie zurückkommen, um von Neuem Wasser zu schöpfen (Johannes 4,14-15)? Legen wir doch dieses Denken ab! Der Heilige Geist wohnt ewig in uns (Johannes 14,16).

Was wir getrunken haben, wird zu einer Quelle lebendigen Wassers, die uns von innen heraus bewässert, und zwar für immer (Johannes 4,14). Aus dieser Quelle wird dann ein Strom, der von uns ausgeht (und hoffentlich ist das der Fall), denn das Wasser nicht für uns da, sondern für die Menschen um uns herum!

Da steht nichts von einer Wolke, die immer über den Jüngern schweben würde und sobald sie für jemanden beteten, würde es auf diese Person regnen. Nein, dieses Wasser kommt aus unserem Inneren –

durch den, der in uns wirkt und handelt. Segnen wir die anderen mit unserem Überfluss, das wird uns vor geistlicher Erschöpfung bewahren. Lebendiges Wasser, das ist etwas Lebendiges und Leben Schaffendes.

ICH WERDE MEINEN DURST NUR BEI JESUS STILLEN. ICH WILL BESTÄNDIG ZU JESUS KOMMEN UND NUR VON IHM TRINKEN. IM GLAUBEN ERGREIFE ICH DEN HEILIGEN GEIST, DER AUS MEINEM LEIB HERAUSFLIESST WIE WASSERSTRÖME; ICH BIN EIN SEGEN FÜR ANDERE.

65. DER HEILIGE GEIST – DIE QUELLE, DIE EWIG SPRUDELT

Wer aber von dem Wasser trinken wird, das ich ihm geben werde, den wird nicht dürsten in Ewigkeit; sondern das Wasser, das ich ihm geben werde, wird in ihm eine Quelle Wassers werden, das ins ewige Leben quillt.

JOHANNES 4,14

Wieder haben wir hier das Bild, dass Jesus uns zu trinken gibt. Nur sehen wir hier eine andere Auswirkung. Nicht nur fließen Ströme lebendigen Wassers aus unserem Inneren in die Welt, sondern in uns beginnt eine Quelle zu sprudeln. Diese Verheißung lässt uns an Erfrischung denken. Wer in sich eine beständig sprudelnde Quelle hat, bleibt immerfort in einem Zustand geistlicher Frische.

Hast du deine Begeisterung, deine Motivation für den Dienst im Reich Gottes noch? Oder ist der Dienst dir zur schweren Last geworden? Bist du noch begeistert, wenn es um die Schätze Gottes geht? Oder lässt du dich von Entmutigung, Frustration und Versuchung überwältigen? Das alles sind Symptome geistlicher Erschöpfung – du hast deine Frische in Christus verloren.

GEISTLICHE ERSCHÖPFUNG KANN VERSCHIEDENE URSACHEN HABEN:

- Man tut Dinge, um die Gott einen gar nicht gebeten hat;
- man tut die Werke Gottes in eigener Kraft, ohne die Möglichkeiten Gottes einzusetzen;
- man tut zwar die Werke Gottes, aber zur falschen Zeit, also außerhalb von Gottes Zeitplan;
- man hat seine geistliche Hygiene vernachlässigt, sich nicht um Verletzungen gekümmert und trägt auch noch die Lasten der Vergangenheit mit sich herum;
- man hat sich im geistlichen Kampf verausgabt.

Die Liste könnte fortgesetzt werden.

Diese Quelle, die in uns hervorsprudelt, ist unsere persönliche Quelle, unsere persönliche Reserve. Sie ist für uns persönlich gedacht. Mit der Zeit habe ich gelernt, anderen aus meinem Überfluss heraus zu dienen, der aus mir herausfließt (wie wir es schon im vorigen Kapitel gesehen haben) und nicht aus meiner persönlichen Reserve auszuteilen. Das bewahrt mich vor dem Austrocknen und vor geistlicher Erschöpfung.

Jesus verspricht uns eine Quelle, die ewig und ständig sprudelt. Das heißt: Diese Quelle versagt nicht und sie wird nie versiegen. Der Heilige Geist in mir versagt nie.

IM GLAUBEN ERGREIFE ICH DEN HEILIGEN GEIST, DER IN MIR EINE IMMERZU SPRUDELNDE QUELLE IST. IM GLAUBEN ERGREIFE ICH DIESEN GEIST, DER MICH ZU EINER QUELLE BESTÄNDIGER ERFRISCHUNG MACHT.

66. DER GEIST DER KRAFT (FÄHIGKEIT), DER LIEBE UND DER BESONNENHEIT

Denn Gott hat uns nicht einen Geist der Ängstlichkeit gegeben, sondern den Geist der Kraft, der Liebe und der Besonnenheit.

2. TIMOTHEUS 1,7 (NEUE GENFER ÜBERSETZUNG)

Ebenso aber hilft uns der Geist in unserer Schwachheit ...

RÖMER 8,26 (LOUIS SEGOND-BIBEL 1910)

Wir können in diesem Vers aus dem 2. Timotheusbrief mehrere Gedankengänge entdecken:

- Zunächst sehen wir, dass Furchtsamkeit *ein Geist* ist, nicht ein gottgegebenes Persönlichkeitsmerkmal. Man wird nicht schüchtern geboren – sondern man wird es, weil man von einem Geist der Furchtsamkeit beeinflusst wird oder sich einem solchen unterstellt.
- Außerdem findet man hier das wahre Gegenmittel gegen Furchtsamkeit und Einschüchterung.

Hier ist nun die dreifache Therapie Gottes:

- Der Geist der Kraft bzw. Fähigkeit neutralisiert die Lüge „Ich kann nicht, das schaffe ich nie“.

- Der Geist der Liebe neutralisiert die Lüge „Ich bin nicht geliebt“ – mit all den dazugehörigen Schuldgefühlen und dem negativen Selbstbild, das damit einhergeht. Außerdem neutralisiert er die Lüge „Ich kann nicht auf andere zugehen“.
- Der Geist der Besonnenheit neutralisiert die Lüge „Ich kann nicht anders“, „Ich muss einfach ...“.

Der Geist der Kraft, der befähigt

Gott gibt uns einen Geist der Kraft. Wörtlich könnte man auch übersetzen: *Ein Geist, der fähig macht, ein Geist der Befähigung*. Oft disqualifizieren wir uns selbst, wenn wir sagen: „Das schaffe ich nicht, ich kann das nicht!“ Meist aber sind solche Aussagen das Echo der Worte und der Gedanken der Menschen, die uns umgeben und die uns *geformt* haben. Dieses Gefühl der Unfähigkeit lähmt uns und es erstickt jede Initiative im Keim.

Im Glauben können wir diesen Geist ergreifen, der uns befähigt,

- Gott zu gehorchen,
- seinen Willen zu tun,
- ihm wohlgefällig zu sein,
- Frucht zu bringen.

Der Heilige Geist möchte unser Geist der Befähigung sein.

Der Geist der Liebe

Das griechische Wort für Liebe an dieser Stelle ist *agape*, das heißt *die Gott eigene Liebe*. Der Geist der Liebe wird uns zu erkennen geben, wie sehr Gott uns liebt. Die Agape-Liebe gibt sich hin. Sie verfolgt damit keine eigenen Interessen und erwartet nichts zurück. Agape – das ist die Liebe, mit der Gott uns liebt (mehr dazu in 1.

Korinther 13 und in Facette 72 „Der Heilige Geist, der die Liebe Gottes in unsere Herzen ausgießt").

Agape ist auch die Art Liebe, mit der wir einander lieben sollen (Johannes 13,34-35). Der Geist der Liebe befähigt uns dazu, andere zu lieben. Die Agape-Liebe gibt uns den Elan, unseren Widerstand zu überwinden, der uns schon so manches Mal vom Handeln abgehalten hat.

Der Geist der Besonnenheit

Gott gibt uns den Geist der Weisheit! Man kann dieses Wort auch wiedergeben mit *Selbstkontrolle* oder *Enthaltsamkeit*. Einige der französischen Bibelübersetzungen verwenden auch das Wort *Selbstbeherrschung* (Français courant, Crampon, Jérusalem, TOB).

Der Heilige Geist ist unsere Quelle der Selbstbeherrschung oder Enthaltsamkeit. Unser sündiges Fleisch kann gegen unser sündiges Fleisch nichts ausrichten. Wenn wir spüren, dass da etwas in uns stärker ist als wir selbst und uns zu unbeherrschten Reaktionen zwingt, wenn wir die Kontrolle verlieren, dann ist dies unsere Verheißung! Ergreife diese Verheißung im Glauben und wachse in dieser Offenbarung.

ICH WIDERSTEHE DER FURCHTSAMKEIT, DIE MICH LÄHMT; ICH SAGE MICH LOS VON DER EINSCHÜCHTERUNG, DIE MICH IN SCHACH HÄLT. UND IM GLAUBEN ERGREIFE ICH DEN HEILIGEN GEIST GOTTES, DER MICH BEFÄHIGT. ICH ERGREIFE DEN GEIST DER LIEBE – DURCH IHN WEISS ICH, DASS ICH GELIEBT BIN, UND DURCH IHN KANN ICH ANDERE LIEBEN. ICH ERGREIFE AUCH DEN GEIST DER BESONNENHEIT, DER SELBSTKONTROLLE UND DER ENTHALTSAMKEIT, DER MIR HILFT, WEISE ZU LEBEN UND MICH SELBST ZU BEHERRSCHEN.

67. DER GEIST DER WEISHEIT UND DES VERSTANDES

Und auf ihm wird ruhen der Geist des HERRN, der Geist der Weisheit und des Verstandes, der Geist des Rates und der Kraft, der Geist der Erkenntnis und Furcht des HERRN.

JESAJA 11,2

Beginnen wir mit dem ersten Teil des Verses: *„Geist der Weisheit und des Verstandes"* – diese Verse beziehen sich auf unseren inneren Menschen, auf unser Denken.

Der Geist der Weisheit

Wenn Gott uns salbt mit seinem Geist der Weisheit, dann deshalb, weil Gott weiß: Die menschliche Weisheit genügt nicht. Schlimmer noch, sie kann sogar Gott genau entgegengesetzt sein, wie es Jakobus beschreibt:

Dies ist nicht die Weisheit, die von oben herabkommt, sondern eine irdische, sinnliche, teuflische.

JAKOBUS 3,15

Wir brauchen also die Weisheit von oben. Ich habe im Wörterbuch für biblisches Hebräisch von James Strong nachgeschaut und auch im Lexikon des Alten Testamentes von Zodiathes. Die Ergebnisse sind eindeutig und zeigen uns das weite Anwendungsgebiet dieser Weisheit. Die Weisheit Gottes, das ist

- Bedachtsamkeit, Nüchternheit in den Fragen und Geschäften des Lebens,
- Diplomatie in Beziehungen,
- die Quelle der Strategie in Kämpfen oder Auseinandersetzungen,
- Scharfsinn und Schlagfertigkeit in Schwierigkeiten und kniffligen Situationen,
- Klugheit in Fragen der Verwaltung und Geschäftsführung,
- Offenbarung und Know-how im beruflichen Alltag,
- Gottesfurcht in Gottseligkeit.

Welch ein Reichtum! Damit eröffnen sich neue Welten für uns. Diese Weisheit ist uns zum Greifen nah; Gottes Geist möchte sie uns mitteilen!

Der Geist des Verstandes

Wörtlich könnte dieser Begriff auch übersetzt werden mit *Geist des Verständnisses* oder *Geist der Unterscheidung*. In der Louis Segond-Bibel steht hier *Geist … der Intelligenz*.

Manchmal wundere ich mich wirklich, wie schwer es intelligenten, gebildeten Menschen mitunter fällt, das Königreich Gottes oder auch nur gewisse Zusammenhänge des Lebens zu begreifen. Zu oft verwechseln wir Verstand oder Intelligenz, also Belehrbarkeit oder Lernfähigkeit, mit der Menge angeeigneten Wissens. Plötzlich sind unsere Abschlüsse wichtiger als das, was wir wirklich können. Und manche entwickeln daher sogar Komplexe bezüglich ihres (fehlenden oder niedrigen) Abschlusses.

IM GLAUBEN ERGREIFE ICH DEN GEIST GOTTES, DEN GEIST DER WEISHEIT; ER WIRD MIR WEISHEIT GEBEN IN DEN FRAGEN DES ALLTÄGLICHEN LEBENS UND DARÜBER HINAUS. ICH ERGREIFE AUCH DEN GEIST DES VERSTANDES, DER UNTERSCHEIDUNG UND DER LERNFÄHIGKEIT, DER MIR HILFT, ZUSAMMENHÄNGE ZU ERKENNEN UND SELBST KOMPLIZIERTE SACHVERHALTE ZU VERSTEHEN.

68. DER GEIST DES RATES UND DER KRAFT

Und auf ihm wird ruhen der Geist des HERRN, der Geist der Weisheit und des Verstandes, der Geist des Rates und der Kraft, der Geist der Erkenntnis und Furcht des HERRN.

JESAJA 11,2

Hier sind wir beim zweiten Teil angekommen: *„der Geist des Rates und der Kraft"*. Hier geht es ums Handeln, um Know-how und Können; jetzt kommt der Praktiker ins Spiel.

Der Geist des Rates
Der Geist Gottes ist ein Geist des Rates oder Geist der Einsicht.

Wenn wir uns vom Geist Gottes leiten lassen, werden wir dadurch sicher nicht zu weltfremden Spinnern, die nichts Rechtes zustande bringen. Ja, wir haben zwar den Kopf im Himmel, stehen aber mit beiden Beinen fest auf der Erde. Der Heilige Geist möchte uns Einsicht vermitteln und Rat geben – zunächst für unser persönliches Leben, dann aber kann (und soll) diese Einsicht auch anderen weiterhelfen.

Der Geist des Rates befähigt uns, auf der Erde gut zurechtzukommen – denn wir können jederzeit auf unseren himmlischen Werkzeugkoffer zurückgreifen. Der Geist des Rates hilft uns, Prioritäten richtig zu setzen und schwierige Situationen richtig einzuordnen. Er lehrt uns, in den Konflikten des Alltags gut zu reagieren und eine optimale Lösung zu finden.

Die Français-Courant-Bibel schreibt hier *die Fähigkeit, Entscheidungen zu treffen*.

Der Geist der Kraft

Die französische La Nouvelle Bible Segond übersetzt diesen Begriff mit *Mut* oder *Tapferkeit*. Das hebräische Wort bedeutet auch *Körperkraft* und vermittelt dazu die Vorstellung von Sieger, Held, Heldentat.

Im Angesicht all der Herausforderungen von Glauben und Leben gibt uns der Heilige Geist Mut, Kühnheit und Kraft – auch körperliche Stärke. Mit ihm kann ich Heldentaten vollbringen und siegreich sein!

IM GLAUBEN ERGREIFE ICH DEN HEILIGEN GEIST, DER MIR EINSICHT UND RAT GIBT UND DER MICH FÄHIG MACHT, HELDENTATEN ZU VOLLBRINGEN, DIE ICH IN EIGENER KRAFT NIE HÄTTE AUSFÜHREN KÖNNEN.

69. DER GEIST DER ERKENNTNIS UND DER GOTTESFURCHT

Und auf ihm wird ruhen der Geist des HERRN, der Geist der Weisheit und des Verstandes, der Geist des Rates und der Kraft, der Geist der Erkenntnis und Furcht des HERRN.

JESAJA 11,2

Wir kommen nun zum dritten Teil dieses Verses: *„Der Geist der Erkenntnis und der Furcht des HERRN."* Dieser Teil handelt davon, Gott gut zu kennen und mit ihm vertrauten Umgang zu pflegen (also von einer engen Beziehung zu ihm), und von respektvollem Gehorsam gegenüber dem Willen Gottes.

Im Hebräischen bezieht sich *des HERRN* sowohl auf die Erkenntnis als auch auf die Furcht. Wir können also lesen: Der Geist der engen Beziehung zum HERRN und der Furcht des HERRN. Die englische Version The Message übersetzt es so: *Der Geist, der Erkenntnis und Furcht Gottes einflößt.* Das ist ein sehr anschauliches Bild – eine tropfenweise Steigerung der Erkenntnis und Furcht Gottes.

Der Geist der Erkenntnis Gottes

Mehrere französische Bibelübersetzungen schreiben hier *Wissen* statt *Erkenntnis*. Ich mag diesen Ausdruck; ein Wissenschaftler hört nie auf, zu lernen und Erfahrungen zu sammeln. Allerdings geht es hier sicher nicht um die bloße Anhäufung von Kopfwissen, sondern um ein ganzheitliches Kennenlernen, eine tiefe und vertraute Beziehung zu Gott.

Das hebräische Wort beschreibt *ein Erkennen durch Erfahrung*. Der Geist Gottes wird uns Erfahrungen machen lassen, durch die wir Gott immer besser, tiefer, vertrauter kennenlernen. Gott offenbart sich uns – durch seinen Geist.

Der Geist der Gottesfurcht

Je besser man jemanden kennt, umso besser weiß man auch, was er will und was er nicht mag und warum. Und wenn man diesen Menschen liebt, respektiert man seinen Willen. So ist es auch mit der Gottesfurcht: Sie ist der respektvolle Gehorsam gegenüber dem Willen Gottes. Beides gehört zusammen: Gott zu kennen und ihn zu respektieren – und dann auch so leben zu wollen, dass es ihm gefällt –, also Gotteserkenntnis und Gottesfurcht. Gottesfurcht ist das Bestrebtsein, in jeder Situation nach Gottes Sichtweise zu fragen und sich ihm zu unterstellen. Dieses Bewusstsein ist ein Werk des Heiligen Geistes, genauso wie der Wunsch, dem Willen Gottes gemäß zu leben.

IM GLAUBEN ERGREIFE ICH DEN HEILIGEN GEIST, DER MIR HILFT, GOTT RICHTIG GUT KENNENZULERNEN UND DER IN MIR DEN WUNSCH STÄRKT, GOTT ZU GEHORCHEN UND SEINEN WILLEN ZU TUN.

70. DER GEIST DER HERRLICHKEIT

Wenn ihr im Namen Christi geschmäht werdet, glückselig seid ihr! Denn der Geist der Herrlichkeit und Gottes ruht auf euch.

1. PETRUS 4,14

Nur bei Petrus finden wir diese Bezeichnung des Heiligen Geistes: *Geist der Herrlichkeit*. Interessant ist dabei der Kontext: Die Empfänger seines Briefes lebten unter Verfolgung. Lies selbst:

Geliebte, lasst euch durch das Feuer der Verfolgung unter euch, das euch zur Prüfung geschieht, nicht befremden, als begegne euch etwas Fremdes; sondern freut euch, insoweit ihr der Leiden des Christus teilhaftig seid, damit ihr euch auch in der Offenbarung seiner Herrlichkeit jubelnd freut! Wenn ihr im Namen Christi geschmäht werdet, glückselig seid ihr! Denn der Geist der Herrlichkeit und Gottes ruht auf euch. Denn niemand von euch leide als Mörder oder Dieb oder Übeltäter oder als einer, der sich in fremde Sachen mischt; wenn er aber als Christ leidet, schäme er sich nicht, sondern verherrliche Gott in diesem Namen! ... Daher sollen auch die, welche nach dem Willen Gottes leiden, einem treuen Schöpfer ihre Seelen anbefehlen im Gutestun.

1. PETRUS 4,12-19

Auch bei Paulus hängen Verfolgung und Herrlichkeit eng zusammen:

Denn das schnell vorübergehende Leichte unserer Bedrängnis bewirkt uns ein über die Maßen überreiches, ewiges Gewicht von Herrlichkeit.

2. KORINTHER 4,17

Genauso gilt: Wenn wir erfüllt sind mit dem Geist Gottes, kann uns das Verfolgung einbringen.

Alle aber auch, die gottesfürchtig leben wollen in Christus Jesus, werden verfolgt werden.

2. TIMOTHEUS 3,12

Wenn wir um Jesu willen leiden, dann ist der Heilige Geist, der auf uns ruht, ein Geist der Herrlichkeit; er erinnert uns daran, was unser momentanes Leiden bewirkt. Paulus nennt es leicht im Vergleich zu dem, was uns in der Ewigkeit erwartet. Aus diesem Leid wird etwas entstehen, das unendlich kostbarer ist, ein „überreiches, ewiges Gewicht von Herrlichkeit"!

Ein Mann Gottes wurde in den Himmel entrückt und bekam dort eine Offenbarung: Die Narben, die uns während unseres irdischen Dienstes zugefügt werden, werden im Himmel verwandelt – zu Narben aus Gold. Wie dem auch sei, die biblische Verheißung gilt für unsere Lebenszeit und sie ist sicher: In Zeiten der Prüfung können wir mit diesem Geist der Herrlichkeit rechnen.

IM GLAUBEN ERGREIFE ICH DEN HEILIGEN GEIST, DER ALS GEIST DER HERRLICHKEIT AUF MIR RUHT, WANN IMMER ICH UM JESU WILLEN LEIDE. DURCH DIESEN GEIST DER HERRLICHKEIT WERDEN MEINE VERFOLGUNGEN LEICHTER, DENN ICH SCHAUE AUF DIE HERRLICHKEIT, DIE AUF MICH WARTET.

71. DER GEIST DER OFFENBARUNG

Dass der Gott unseres Herrn Jesus Christus, der Vater der Herrlichkeit, euch gebe den Geist der Weisheit und Offenbarung in der Erkenntnis seiner selbst.

EPHESER 1,17

Offenbarung und Prophetie sind nicht dasselbe, auch wenn sie eng zusammengehören. *Eine Prophetie oder Weissagung ist ein Reden Gottes in eine aktuelle Situation hinein; oft verkündet sie etwas Kommendes. Eine Offenbarung dagegen handelt von etwas, das bereits da ist!* Das griechische Wort für Offenbarung ist *apokalypsis* und bedeutet *Enthüllung*. Offenbarung geschieht also, wenn ein Schleier weggezogen wird – dann kann man etwas *sehen*, das vorher *schon da* war.

Wozu dann der Schleier?

- Gott möchte, dass wir ihn suchen, und zwar so lange, bis wir ihn gefunden haben.
- Gott hat seinen Zeitplan und weiß, wann er uns was zeigen will (siehe Galater 4,4, „Als aber die Zeit erfüllt war, ..." (Luther), und „Noch vieles habe ich euch zu sagen, aber ihr könnt es jetzt nicht tragen", Johannes 16,12).
- Der Feind verschleiert manchmal unsere Wahrnehmung, damit wir nicht sehen können: „Wenn aber unser Evangelium doch verdeckt ist, so ist es nur bei denen verdeckt, die verloren gehen, den Ungläubigen, bei denen der Gott dieser Welt den

Sinn verblendet hat, damit sie den Lichtglanz des Evangeliums von der Herrlichkeit des Christus, der Gottes Bild ist, nicht sehen" (2. Korinther 4,3-4).

- Wegen der Blindheit unseres Fleisches, unseres natürlichen Zustands. Auch um Jesus als Retter zu erkennen, bedarf es einer Enthüllung: „Aber ihr Sinn ist verstockt worden, denn bis auf den heutigen Tag bleibt dieselbe Decke auf der Verlesung des Alten Testaments und wird nicht aufgedeckt, weil sie nur in Christus beseitigt wird. Aber bis heute, sooft Mose gelesen wird, liegt eine Decke auf ihrem Herzen. Dann aber, wenn es sich zum Herrn wendet, wird die Decke weggenommen" (2. Korinther 3,14-16).

Es gibt in der Bibel mehrere Beispiele für Enthüllungen:

- Nach dem Gebet *Elisas* für seinen Diener „Herr, öffne doch seine Augen, dass er sieht!" Daraufhin wurden die Augen des Dieners geöffnet und er sah die himmlischen Heerscharen (2. Könige 6,17).
- *Hagar* war am Verdursten, und der Herr öffnete ihr die Augen, so dass sie den Brunnen sah. Sie hatte direkt davorgestanden, ihn aber nicht bemerkt. Der Brunnen existierte bereits, er wurde nicht plötzlich erschaffen (1. Mose 21,9).
- *Bileams* Augen wurden geöffnet und er sah den Engel des HERRN, der schon vor ihm stand (4. Mose 22,24-31).
- *Petrus* hatte eine Offenbarung von Gott, dem Vater, über Jesus als den Christus. Vor dieser Offenbarung hatte auch er einen getrübten Blick gehabt (Matthäus 16,17).
- *Paulus* hatte eine Offenbarung des Sohnes Gottes, der bereits in ihm war, zur gewollten Zeit Gottes: „Als es aber dem, der mich

von meiner Mutter Leibe an ausgewählt und durch seine Gnade berufen hat, gefiel, seinen Sohn in mir zu offenbaren, damit ich ihn unter den Nationen verkündigte" (Galater 1,15-16).

Eine Offenbarung ist eigentlich eine Veränderung der Wahrnehmung: Manchmal siehst du plötzlich etwas, von dessen Existenz du vorher gar nichts wusstest; in diesem Fall kommt die Erkenntnis gleichzeitig mit der Offenbarung. Manchmal nimmst du aber Dinge wahr, von denen du vorher schon wusstest, dass es sie gibt; dann ist die Offenbarung sozusagen die Vervollständigung deiner Erkenntnis.

Wir wissen oft so viel über das Königreich Gottes – aber dieses Kopfwissen muss zu unserer persönlichen Offenbarung werden. Enthüllen und entdecken gehört zusammen. Der Geist der Offenbarung führt uns von einer Entdeckung zur anderen.

IM GLAUBEN ERGREIFE ICH DEN GEIST DER OFFENBARUNG, DER MIR ENTHÜLLT, WOVON ICH NUR GEHÖRT HABE, UND DER MICH AUCH GANZ NEUES ENTDECKEN LÄSST.

72. DER HEILIGE GEIST, DER DIE LIEBE GOTTES IN UNSERE HERZEN AUSGIESST

Die Hoffnung aber lässt nicht zuschanden werden, denn die Liebe Gottes ist ausgegossen in unsere Herzen durch den Heiligen Geist, der uns gegeben worden ist.

RÖMER 5,5

Johannes hat Gott meisterlich charakterisiert. In seinem ersten Brief schreibt er (4,16): „Gott ist Liebe."

Nach Johannes 17,23-24 liebt der Vater mich so, wie er Jesus geliebt hat, und er liebte mich schon vor Grundlegung der Welt! Damals hatte ich noch überhaupt nichts für ihn getan. Gott liebt mich also nicht deswegen, weil ich etwas für ihn täte. Er liebt mich, weil ich bin. Punkt. Es gibt nichts, was ich tun könnte, damit er mich mehr liebt – und ich kann nichts tun, das ihn dazu bewegen könnte, mich weniger zu lieben.

Das Wort Gottes sagt auch, dass Gott mich mit ewiger Liebe liebt. Das heißt, seine Liebe hört einfach nicht auf. Gott ändert sich nicht. Er liebt mich also immer gleich. Er liebt mich heute mit der gleichen Intensität und auf die gleiche Weise, wie er es schon vor Grundlegung der Welt getan hat.

Gott liebt mich. Er liebte mich bereits, als ich noch weit von ihm entfernt war und als ich das noch gar nicht wusste. Gott liebt mich heute genauso heiß und innig, wie er mich damals liebte, als ich noch in der Dunkelheit war. Bei meiner Bekehrung hatte ich nur eine sehr vage Vorstellung von seiner Liebe, und doch liebte Gott mich zu diesem Zeitpunkt genauso, wie er mich heute liebt und wie er mich schon immer geliebt hat.

Gott liebt mich und er will, dass ich das weiß, dass ich es erlebe und genieße, dass es zu meinem vorherrschenden Lebensgefühl wird und ich diese Liebe auch an andere weitergebe. Dazu hat er mir seinen Geist gegeben.

Die Liebe Gottes – das ist nicht nur Stoff für eine schöne Predigt. Der Heilige Geist gießt sie aus, in unser Herz hinein. Sie perlt nicht einfach äußerlich auf unserer Haut ab oder stimuliert unsere Sinne. Gott lässt uns seine Liebe im Innersten unseres Seins erleben und überzeugt uns von seiner unauslöschlichen Liebe.

IM GLAUBEN ERGREIFE ICH DEN HEILIGEN GEIST, DER DIE LIEBE GOTTES IN MEIN HERZ AUSGIESST. ICH BIN GELIEBT. NOCH BEVOR IRGENDJEMAND MICH ABLEHNEN KONNTE, WURDE ICH BEREITS GELIEBT. IM GLAUBEN ERGREIFE ICH DEN HEILIGEN GEIST, DURCH DEN GOTT MICH MIT SEINER LIEBE ERFÜLLT – BIS ZUM ÜBERLAUFEN.

73. DER HEILIGE GEIST, DER AUS UNS ZEUGEN JESU MACHT

Aber ihr werdet Kraft empfangen, wenn der Heilige Geist auf euch gekommen ist; und ihr werdet meine Zeugen sein, sowohl in Jerusalem als auch in ganz Judäa und Samaria und bis an das Ende der Erde.

APOSTELGESCHICHTE 1,8

... wobei Gott zugleich Zeugnis gab durch Zeichen und Wunder und mancherlei Machttaten und Austeilungen des Heiligen Geistes nach seinem Willen.

HEBRÄER 2,4

Und meine Rede und meine Predigt bestand nicht in überredenden Worten der Weisheit, sondern in Erweisung des Geistes und der Kraft, damit euer Glaube nicht auf Menschenweisheit, sondern auf Gottes Kraft beruhe.

1. KORINTHER 2,4-5

Denn das Zeugnis Jesu ist der Geist der Weissagung.

OFFENBARUNG 19,10

Jesus Christus ist derselbe gestern und heute und in Ewigkeit.

HEBRÄER 13,8

In diesen Versen sehen wir, dass der Heilige Geist gesandt wurde, um auf der Erde Jesus zu bezeugen. Der Heilige Geist macht uns zu Zeugen Jesu – er selbst ist in uns die Kraft dazu. Gott will uns nicht im Regen stehen lassen; er gibt uns *Kraft*, Zeugen zu sein! Ein authentisches Zeugnis von Jesus wird durch Zeichen, Wunder oder andere Erweisungen des Geistes bestätigt. Das Zeugnis Jesu trägt immer einen Hauch des Übernatürlichen an sich.

Das hebräische Wort für *Zeugnis ablegen* kann wiedergegeben werden mit: *Nochmal!* oder *Tu es wieder!* Seine bisherigen Taten sind ein Unterpfand, eine Anzahlung auf das, was Jesus noch tun wird; mit Ausnahme der Taten, die er ausdrücklich ein für alle Mal vollbracht hat – also seines erlösenden Leidens und Sterbens am Kreuz und was damit zusammenhängt.

Zeuge Jesu zu sein bedeutet nichts anderes, als zu verkünden, was Jesus getan hat und was er noch tun wird. Als Zeugen dürfen wir nicht die großen Taten Gottes der Vergangenheit abändern, wir müssen der Welt den großen *„Ich bin"* vorstellen.

Was verlangt man von einem Zeugen? Man fordert von ihm Tatsachen, wirklich Erlebtes!
Johannes beansprucht für sich, Zeuge zu sein:

Was von Anfang an war, was wir gehört, was wir mit unseren Augen gesehen, was wir angeschaut und unsere Hände betastet haben vom Wort des Lebens – und das Leben ist offenbart worden, und wir haben gesehen und bezeugen und verkündigen euch das ewige Leben, das bei dem Vater war und uns offenbart worden ist.

1. JOHANNES 1,1-2

Was er gehört, gesehen, angeschaut, betastet hat und was ihm offenbart wurde, davon gibt er Zeugnis. Es ist viel wichtiger, von Erfahrungen Zeugnis zu geben als von nicht überprüften Theorien.

Diese Form von Zeugnis kommt in jeder Kultur an. Jesus sagte, wir würden seine Zeugen sein in aller Welt.

IM GLAUBEN ERGREIFE ICH DEN HEILIGEN GEIST, DER MIR KRAFT GIBT UND DER AUS MIR EINEN ZEUGEN JESU MACHT.

74. DER HEILIGE GEIST, DER UNS RUFT UND EINSETZT

Während sie aber dem Herrn dienten und fasteten, sprach der Heilige Geist: Sondert mir nun Barnabas und Saulus zu dem Werk aus, zu dem ich sie berufen habe! Da fasteten und beteten sie; und als sie ihnen die Hände aufgelegt hatten, entließen sie sie. Sie nun, ausgesandt von dem Heiligen Geist, gingen hinab nach Seleuzia, und von dort segelten sie nach Zypern.

APOSTELGESCHICHTE 13,2-4

Habt acht auf euch selbst und auf die ganze Herde, in welcher der Heilige Geist euch als Aufseher eingesetzt hat, die Gemeinde Gottes zu hüten, die er sich erworben hat durch das Blut seines eigenen Sohnes.

APOSTELGESCHICHTE 20,28

Der Heilige Geist berief Barnabas und Paulus für ein bestimmtes Werk. Eine Berufung zum Dienst ist immer spezifisch. Es ist wichtig, zu wissen, wozu uns der Heilige Geist ruft, damit wir im Glauben handeln können. Wenn wir unseren Auftrag nicht kennen, müssen wir nachfragen.

Ebenso wichtig ist, zu wissen, *wozu wir nicht berufen sind;* dieses Wissen schützt uns vor vielen Fehlern, Verletzungen, Pannen – und vor Burn-out. Die Last Jesu ist leicht. Wenn sie uns schwer vorkommt, dann tragen wir vielleicht Lasten, die gar nicht unsere sind oder wir tragen sie falsch – so als würden wir einen schweren Koffer mit waagrecht ausgestrecktem Arm tragen oder nur mit dem kleinen Finger.

Das griechische Wort für *berufen* heißt wörtlich *zu sich rufen, vorladen*. Der Heilige Geist erwartet nicht, dass wir das Werk tun, ohne ständig zu ihm zu kommen und von ihm abhängig zu sein. Er presst nicht die letzten persönlichen Ressourcen aus uns heraus. Der Heilige Geist gibt uns immer wieder Nachschub und neue Kraft und bringt uns für die Ausführung seiner Werke völlig neue Spielregeln bei.

Der Heilige Geist ruft uns, wir antworten, und dann setzt er uns in unser Amt ein.
Einsetzen hat zu tun mit *hinstellen* oder *an seinen bestimmten Platz stellen.* Wir müssen uns nicht vordrängeln. Der Heilige Geist befördert uns sicher an den Platz, den er für uns ausersehen hat (für den wir ja auch geschaffen wurden). Wenn wir im Gehorsam seinem Ruf Folge leisten, wird der Heilige Geist dafür sorgen, dass andere uns bemerken, unseren Ruf und dazu die Salbung, die auf uns ruht. Unsere Aufgabe ist, treu zu sein und uns vor dem Bösen zu hüten.

IM GLAUBEN ERGREIFE ICH DEN HEILIGEN GEIST, DER MICH ZU EINEM BESTIMMTEN WERK BERUFT. ICH WERDE ZU IHM KOMMEN UND IHM ZUHÖREN, ICH WERDE IHM GEHORCHEN, UND ER WIRD MICH IN DAS AMT EINSETZEN, ZU DEM ER MICH BERUFT.

75. DER HEILIGE GEIST, DER UNS ALLES SCHENKT, WAS ZUM LEBEN UND ZUR GOTTSELIGKEIT FÜHRT

Da seine göttliche Kraft uns alles zum Leben und zur Gottseligkeit geschenkt hat durch die Erkenntnis dessen, der uns berufen hat durch seine eigene Herrlichkeit und Tugend …

2. PETRUS 1,32

Er, der doch seinen eigenen Sohn nicht verschont, sondern ihn für uns alle hingegeben hat – wie wird er uns mit ihm nicht auch alles schenken?

RÖMER 8,32

Diese beiden Verse versichern uns, dass es uns an nichts mangeln wird, weil Gott uns mit allem versorgen will, was wir brauchen. Er versorgt uns mit

- *Leben*, also all dem, was wir zum Leben brauchen;
- und mit *Gottseligkeit*, also mit allem, was wir in unserer Beziehung zu Gott und für unseren Dienst an ihm brauchen.

Abram erlebte das so:

Und Abram war 99 Jahre alt, da erschien der HERR dem Abram und sprach zu ihm: Ich bin Gott, der Allmächtige. Lebe vor meinem Angesicht, und sei untadelig!

1. MOSE 17,1

„Ich bin Gott, der Allmächtige." Im Hebräischen steht hier *El Shaddai*.

- *El* bedeutet: *Gott, der mächtige und starke Gott*.
- *Shaddai* kommt von *shad*, dem hebräischen Wort für *Brust*.

El Shaddai kann man also mit Fug und Recht übersetzen mit *der, der für alles ausreicht, der Allgenügende*.

„Lebe vor meinem Angesicht." Dieses *Lebe* ist ein Wort mit vielen Aspekten: Komm, folge mir, mache es dir gemütlich, wachse, sei mir nahe.

„... und sei untadelig" – das heißt *ungeteilt, ehrlich, integer, voll und ganz, fehlerlos, gerade, vollkommen*.

Fassen wir zusammen:
Gott offenbart sich dem Abram als *die himmlische Brust*, als wollte er ihm sagen:

„Ich will für dich all das sein, was die Brust einer Mutter für ihr Kind ist. Ich will für dich Versorgung sein und Geborgenheit. Du bist schwach, aber ich bin stark; du kannst aus meiner Kraft schöpfen. Lebe vor meinem Angesicht, komme in meine Gegenwart, fühle dich bei mir wie zu Hause und mache es dir gemütlich. Fühle dich bei mir wohl, wachse vor mir auf. Werde vollkommen, lass dich ganz auffüllen, bis du total satt bist."

Wir sind die Nachkommen Abrahams, wir sind also Erben der Verheißungen, die Abraham gemacht wurden. Es wird uns an nichts mangeln, wir werden alles haben, was wir zum Leben und zur Gottseligkeit brauchen.

IM GLAUBEN ERGREIFE ICH DEN HEILIGEN GEIST, DER MICH MIT ALL DEM VERSORGEN WIRD, WAS ICH ZUM LEBEN UND ZUR GOTTSELIGKEIT BRAUCHE. GOTT HAT NICHT EINMAL SEINEN SOHN ZURÜCKGEHALTEN; MIT JESUS WIRD ER MIR ALLES, ALLES, ALLES GEBEN.

76. DER HEILIGE GEIST, DIE KRAFT, DURCH DIE GOTT MEHR TUT ALS ALLES, WAS WIR ERBITTEN ODER UNS AUSDENKEN KÖNNEN

... und zu erkennen die die Erkenntnis übersteigende Liebe des Christus, damit ihr erfüllt werdet zur ganzen Fülle Gottes. Dem aber, der über alles hinaus zu tun vermag, über die Maßen mehr, als wir erbitten oder erdenken, gemäß der Kraft, die in uns wirkt, ihm sei die Herrlichkeit in der Gemeinde und in Christus Jesus auf alle Geschlechter hin von Ewigkeit zu Ewigkeit! Amen.

EPHESER 3,19-21

Der Heilige Geist ist eine Kraft, die in uns wirkt – weit über alles hinaus, was wir erdenken, uns vorstellen oder erbitten können. Wir wären ja schon wunschlos glücklich, wenn Gott durch seinen Geist in uns auch nur das tun würde, was wir erbitten oder uns ausdenken. Aber Gottes Verheißung geht noch viel weiter: Gott tut nicht nur, was wir erbitten oder erdenken, und er tut auch nicht ein wenig mehr – nein, er tut *„über die Maßen mehr"*!!! Was auch immer meine kühnsten Vorstellungen sind: Sie sind immer noch weit von der Wirklichkeit dessen entfernt, wozu Gott fähig ist!

Die Bibel bestätigt wiederholt, dass Gott auch das uns unmöglich Scheinende tun kann:

Denn bei Gott ist kein Ding unmöglich.

LUKAS 1,37 (SCHLACHTER)

Bei Gott sind alle Dinge möglich.

MARKUS 10,27

„Kein Ding unmöglich" – das können wir uns gerade noch vorstellen. Aber „alle Dinge möglich"? Und dann noch „über die Maßen mehr"? Also ich denke schon, dass ich eine recht große Vorstellungskraft habe, aber dazu fällt mir nur ein: Man muss wirklich Gott sein, um so etwas versprechen zu können!

Wie auch immer: Ich will versuchen, seinem Wirken keine Grenzen mehr zu setzen. Meine Erwartung und mein Glaube sollen nicht mehr begrenzt werden durch das, was ich mir vorstellen kann; ich will umdenken und mehr, viel mehr von ihm erwarten als alles, was ich mir überhaupt vorstellen kann!

So wie die Liebe Gottes alle Erkenntnis übersteigt (Vers 19), so übersteigt seine Kraft all unsere Vorstellungen. Zu einer unendlichen Liebe passt eine unendliche Kraft. Das ist die Größe unseres Gottes! Er ist daher würdig, für immer gelobt zu werden:

Ihm sei die Herrlichkeit in der Gemeinde und in Christus Jesus auf alle Geschlechter hin von Ewigkeit zu Ewigkeit! Amen.

EPHESER 3,21

IM GLAUBEN ERGREIFE ICH DEN HEILIGEN GEIST, DURCH DEN GOTT UNENDLICH ÜBER DAS HINAUS WIRKEN KANN, WAS ICH ERBITTEN ODER MIR VORSTELLEN KANN. ICH WERDE SEINER KRAFT KEINE BEGRENZUNG MEHR ENTGEGENSETZEN.

77. DER HEILIGE GEIST, DER SICH OFFENSICHTLICH ERWEIST

Jedem aber wird die Offenbarung des Geistes zum Nutzen gegeben.

1. KORINTHER 12,7

Dieser Vers steht in dem Kapitel über die sogenannten Geistesgaben. Vielleicht hast du schon viel darüber gelesen und gehört; aber lege das alles einmal zur Seite und schau nochmals hin.

Paulus fügt eine Liste an und zählt auf, was er unter Offenbarung des Geistes versteht: „Denn dem einen wird gegeben, zu ..., einem anderen wird ... gegeben nach demselben Geist."

Was wir meist Geistesgaben nennen, sind offensichtliche Manifestationen (Erscheinungsweisen, offensichtliche Wirkungsweisen) des Geistes, die der Gemeinde gegeben wurden (Vers 11). Das Wort Gottes sagt, dass wir der Tempel des Heiligen Geistes sind. Er kann sich also in jedem von uns so offenbaren, wie er es will. Die Gaben liegen im Geist und sie werden immer durch den Heiligen Geist geoffenbart. Eine Person, in der der Heilige Geist wohnt, ist einfach ein Kanal: Nicht wir machen uns die Gaben des Geistes zunutze, sondern der Heilige Geist, der in uns wohnt, offenbart seine Gaben durch uns.

Deshalb sind Geistesgaben niemandes Privatbesitz; jeder Christ kann die eine oder andere geistliche Gabe zum Ausdruck bringen, wie der Heilige Geist es will. Jeder von uns hat den Geist in sich, der sich durch alle Gaben offenbaren kann. Ich habe den Geist Gottes in mir, der sich so oder anders oder nochmal ganz anders offenbaren und wirksam erweisen kann, wie es ihm gefällt.

Einen weiteren Grundsatz für die Geistesgaben, die Charismen, finden wir im Brief des Paulus an die Römer:

Wenn wir Weissagung haben, so sei sie in Übereinstimmung mit dem Glauben.

RÖMER 12,6 (SCHLACHTER)

Wer weissagt, soll es nach dem Maß seines Glaubens tun. Dasselbe gilt natürlich auch für jede andere Gabe: Wir sind berufen, sie „in Übereinstimmung mit unserem Glauben" auszuleben. Wenn wir nun grundsätzlich alle Gaben haben, weil in uns allen derselbe Heilige Geist mit denselben Geistesgaben wirkt – *warum üben dann die Gläubigen oft nur eine oder vielleicht auch zwei Gaben aus?*

Ich sehe da vor allem drei Gründe:

- *Unser Glaube*. Er ist oft in einem bestimmten Bereich stärker entwickelt. Das mag an der Lehre liegen, die wir empfangen haben, oder an einer bestimmten Erfahrung, oder an einem Vorbild, dem wir gefolgt sind ... manchmal finde ich das schade, denn Gott will sich doch in seiner ganzen Vielfalt durch uns erweisen, und im Glauben sollten wir das auch erwarten.
- *Unsere Berufung*. Vielleicht brauchen wir gewisse Gaben häufiger, weil sie uns in den Herausforderungen unseres persön-

lichen Alltags besonders deutlich weiterhelfen. Die Frage ist, ob wir wirklich unseren Glauben auf das Feld unserer Berufung begrenzen sollten ... Wir sind mehr als nur die Aufgabe, die Gott uns zugewiesen hat!

- *Der Leib*. Paulus vergleicht das Volk der Christen mit einem Leib, wo jedes Glied eine spezifische Funktion hat (Römer 12,4-5). Das ist Gottes Plan für uns – wir brauchen einander, keiner kann alles alleine. Wir brauchen die Ergänzung durch unsere Geschwister im Glauben, wir brauchen die Gemeinschaft mit ihnen. Vergessen wir nicht: Nur wenn wir einander lieben (und das zeigt sich in der Gemeinschaft), erkennt die Welt, dass wir Jesu Jünger sind (Johannes 13,35).

Der Heilige Geist ist kein Geheimagent; er wirkt, er erweist, zeigt, manifestiert sich und das ganz unterschiedlich.

„Eifert aber um die größeren Gnadengaben“, schreibt Paulus. Ich verstehe das so, dass wir nach der Wirkungsweise des Heiligen Geistes streben sollen, die uns im Alltag und im Leib Christi am besten weiterhilft.

IM GLAUBEN ERGREIFE ICH DEN HEILIGEN GEIST, DER SICH IN MIR OFFENBAREN KANN DURCH ALLE GABEN, WIE ES DER LEIB CHRISTI BRAUCHT. DER HEILIGE GEIST UND ICH, WIR SIND EIN GUTES TEAM FÜR ALLE FÄLLE. ICH STELLE MICH IHM ZUR VERFÜGUNG, DAMIT ER SICH FREI ÄUSSERN KANN.

78. DER HEILIGE GEIST IST AUF MIR, DENN GOTT HAT MICH GESALBT, UM ...

Der Geist Gottes, des Herrn, ruht auf mir; denn der Herr hat mich gesalbt. Er hat mich gesandt, damit ...

JESAJA 61,1-3 (EINHEITSÜBERSETZUNG)

... Jesus von Nazareth, wie Gott ihn mit Heiligem Geist und mit Kraft gesalbt hat, der umherging und wohltat und alle heilte, die von dem Teufel überwältigt waren, denn Gott war mit ihm.

APOSTELGESCHICHTE 10,38

Jesus wusste, dass er gesalbt war. Nie zweifelte er diese Tatsache an. Seine Salbung war Teil seiner Identität.
Jesus wusste, woher seine Salbung kam: Er hatte sie von Gott erhalten. Weder hatte er sich diese Salbung erarbeitet, noch lag sie einfach in ihm selbst begründet. Und Jesus wusste, wozu er gesalbt worden war.

Auch wir sind gesalbt – und auch wir sind für einen bestimmten Zweck gesalbt. Die Salbung ist nicht dazu da, dass wir sagen können: „Sieh mal, wie ich gesalbt bin!" Die Salbung hat auch keinen Selbstzweck, sie ist nicht um ihrer selbst willen da oder dafür, dass wir unseren Glauben bekennen können. Sie ist auch nicht einfach nur da, damit wir uns daran freuen.

Die Salbung Gottes ist eng verknüpft mit unserer Berufung. Deshalb sollten wir sorgfältig darauf achten, nicht Dinge zu tun, die nicht zu unserer Berufung gehören. Sonst bringen wir uns in Verletzungsgefahr und auch andere würden darunter leiden.

Die Salbung, also der Heilige Geist in Aktion, wird für den Dienst gegeben. Sie dient der Ausbreitung von Gottes Königreich und nicht dazu, uns selbst zu beweihräuchern oder als Einzelperson groß herauszukommen.
Gott teilt uns unsere Berufung im Verborgenen mit – und bestätigt sie öffentlich in der Gemeinde. Doch damit nicht genug; wir müssen anschließend weiterhin dem Reden Gottes unser Ohr leihen, damit wir wissen, wie wir in unserer Berufung vorwärtsgehen sollen.

Jesus wusste, dass in der Schrift von ihm geschrieben stand, und er eignete sich die Schrift an. Er verstand sich selbst als die Erfüllung der Verheißungen Gottes. Wie ist das bei uns? Oft fehlt uns dieses Bewusstsein, dass auch wir die Erfüllung der Verheißungen Gottes sind.

„... wie Gott ihn gesalbt hat ... denn Gott war mit ihm" (Apostelgeschichte 10,38). Demnach bedeutet „gesalbt sein", dass man Gott bei sich hat. Das heißt, dass wir nicht in unserer eigenen Kraft oder mit unseren eigenen Möglichkeiten wirken, sondern die Ressourcen Gottes nutzen – dass wir also Gott die Dinge tun lassen, zu denen wir berufen sind:

Treu ist, der euch beruft; er wird es auch tun.

1. THESSALONICHER 5,24

IM GLAUBEN ERGREIFE ICH, DASS DER HEILIGE GEIST AUF MIR IST, WEIL GOTT MICH GESALBT HAT. ICH BIN BERUFEN, ERFÜLLUNG EINES TEILS DER VERHEISSUNGEN GOTTES ZU SEIN, SIE AUSZULEBEN – DA, WO ICH GERADE BIN. IM GLAUBEN ERGREIFE ICH DIESE SALBUNG, DURCH DIE GOTT MIT MIR IST.

79. DER HEILIGE GEIST, MIT DEM WIR GESALBT SIND, UM HINZUGEHEN

... Jesus von Nazareth, wie Gott ihn mit Heiligem Geist und mit Kraft gesalbt hat, der umherging und wohltat und alle heilte, die von dem Teufel überwältigt waren, denn Gott war mit ihm.

APOSTELGESCHICHTE 10,38

Jesus gab uns im Namen seines Vaters den Befehl, hinauszugehen in alle Welt. Wenn Gott etwas befiehlt, dann gibt er auch die Mittel dazu. Wo die Salbung ist, da ist auch Versorgung.

Der Heilige Geist gibt uns Kraft (griechisch *dynamis*), um hinauszugehen – wir sollen dynamisch leben, nicht statisch. Manche Menschen haben von Natur aus einen starken Tatendrang und man sagt ihnen nach, sie seien dynamisch, aber davon ist hier nicht die Rede. Wir sollen unsere Dynamik *aus dem Geist Gottes* schöpfen.

Der Heilige Geist möchte uns in die Ernte hinausschleudern. Er wurde uns gegeben, damit Jesus bis an die äußersten Enden der Erde bezeugt wird. „Geht!", das ist der Befehl Jesu. Die Salbung verleiht uns die Fähigkeit, diesem Gebot zu gehorchen.

Gehen, das beinhaltet:

- das Gebot Jesu zu halten,
- aus uns selbst herauszugehen,
- unsere Routine und Bequemlichkeit zu verlassen,
- unsere Ängste zu entsorgen,
- unsere Faulheit zu ablegen,
- unsere Vorwände, warum wir uns nicht bewegen, zu entlarven und zu entsorgen,
- unser frommes Getto zu verlassen,
- nicht länger den negativen Festlegungen unserer Mitmenschen Glauben zu schenken,
- die Menschenfurcht zu besiegen,
- hinauszugehen trotz Einschüchterung,
- auf unseren Nächsten zuzugehen,
- Gelegenheiten zu ergreifen,
- Gelegenheiten aktiv herbeizuführen,
- das Königreich Gottes auf Erden auszubreiten,
- Gott Gelegenheit zu geben, dass er sich offenbaren kann,
- ...

Brauchen wir dazu die Salbung? Ich glaube schon! Wir müssen wissen, wozu Gott uns persönlich beauftragt hat. Nun, man könnte es auch ohne die Salbung versuchen; aber dann wird die Ernte kleiner ausfallen.

IM GLAUBEN ERGREIFE ICH DEN HEILIGEN GEIST, MIT DEM ICH GESALBT BIN, UM ZU GEHEN. IM GLAUBEN ERGREIFE ICH DEN HEILIGEN GEIST, DER IN MIR EINE DYNAMIK SCHAFFT UND MICH IN BEWEGUNG SETZT.

80. DER HEILIGE GEIST, MIT DEM WIR GESALBT SIND, UM GUTES ZU TUN

... wie Gott Jesus von Nazareth mit Heiligem Geist und Kraft gesalbt hat, und wie dieser umherzog und Gutes tat und alle heilte, die vom Teufel überwältigt waren; denn Gott war mit ihm.

APOSTELGESCHICHTE 10,38 (SCHLACHTER)

Die Salbung wird uns nur dazu führen, Gutes zu tun. Salbung tut nichts Böses. Sie verletzt nicht, sie beschuldigt nicht, sie demütigt niemanden. Die Salbung ist die Fähigkeit, die Gott uns vermittelt, um Gutes tun zu können.

Der Gedanke, Gutes zu tun, ist im Neuen Testament sehr gegenwärtig:

Ich aber sage euch: Liebt eure Feinde, segnet, die euch fluchen, tut wohl denen, die euch hassen, und bittet für die, welche euch beleidigen und verfolgen.

MATTHÄUS 5,44 (SCHLACHTER)

Wie viel wertvoller ist nun ein Mensch als ein Schaf! Also ist es erlaubt, am Sabbat Gutes zu tun.

MATTHÄUS 12,12

Denn die Armen habt ihr allezeit bei euch, und ihr könnt ihnen Gutes tun, wann immer ihr wollt; mich aber habt ihr nicht allezeit.

MARKUS 14,7 (SCHLACHTER)

Und wenn ihr denen Gutes tut, die euch Gutes tun, was für einen Dank habt ihr? Auch die Sünder tun dasselbe. Und wenn ihr denen leiht, von denen ihr wieder zu empfangen hofft, was für einen Dank habt ihr? Auch Sünder leihen Sündern, damit sie das Gleiche wieder empfangen. Doch liebt eure Feinde, und tut Gutes, und leiht, ohne etwas wieder zu erhoffen! Und euer Lohn wird groß sein, und ihr werdet Söhne des Höchsten sein; denn er ist gütig gegen die Undankbaren und Bösen.

LUKAS 6,33-35

Die aber, welche gläubige Herren haben, sollen diese darum nicht geringschätzen, weil sie Brüder sind, sondern ihnen um so lieber dienen, weil es Gläubige und Geliebte sind, die darauf bedacht sind, Gutes zu tun. Dies sollst du lehren und dazu ermahnen!

1. TIMOTHEUS 6,2 (SCHLACHTER)

Sie sollen Gutes tun, reich werden an guten Werken, freigebig sein, bereit, mit anderen zu teilen.

1. TIMOTHEUS 6,18 (SCHLACHTER)

Einzig der Heilige Geist kann uns dazu bringen, auf wirksame Weise Gutes zu tun, und zwar unseren Feinden, den Armen, unseren Geschwistern im Glauben, unserer eigenen Familie. Jesus musste gesalbt werden, um Gutes zu tun. Natürlich können wir auch mit eigenen Mitteln Gutes tun; wir können unser Herz unserem Nächsten zuwenden und sein Bestes suchen. Aber diese Bibelstellen schlagen uns vor, noch weiter zu gehen und im Namen Gottes Gutes zu tun.

Die erste Bibelstelle aus dem Matthäusevangelium verbindet Gutestun mit Segnen. Segnen heißt, Gutes zu reden und gute Dinge auszusprechen (das Gegenteil davon ist zu fluchen, und vom Mund der Nachfolger Jesu soll kein Fluch ausgehen, Jakobus 3,10).

Eine wichtige Schlussbemerkung: Um im Namen Gottes Gutes zu tun, brauchen wir die Salbung, denn das Gute, das wir aus eigener, menschlicher Kraft tun, ist oft von Stolz, Egoismus oder von Machtstreben verunreinigt; außerdem ist unsere eigene Kraft sehr begrenzt.

IM GLAUBEN ERGREIFE ICH DEN HEILIGEN GEIST, MIT DEM ICH GESALBT BIN, UM ANDEREN IM NAMEN GOTTES GUTES ZU TUN.

81. DER HEILIGE GEIST, MIT DEM WIR GESALBT SIND, UM ALLE DIE ZU HEILEN, DIE VOM TEUFEL ÜBERWÄLTIGT SIND

... Jesus von Nazareth, wie Gott ihn mit Heiligem Geist und mit Kraft gesalbt hat, der umherging und wohltat und alle heilte, die von dem Teufel überwältigt waren, denn Gott war mit ihm.

APOSTELGESCHICHTE 10,38

... wie Gott Jesus von Nazareth gesalbt hat mit Heiligem Geist und Kraft; der ist umhergezogen und hat Gutes getan und alle gesund gemacht, die in der Gewalt des Teufels waren, denn Gott war mit ihm.

APOSTELGESCHICHTE 10,38 (LUTHER)

Und es wird geschehen an jenem Tag, da wird seine Last von deinen Schultern weichen und sein Joch von deinem Hals; ja, das Joch wird zersprengt werden wegen der Salbung.

JESAJA 10,27 (SCHLACHTER)

Dazu ist der Sohn Gottes erschienen, dass er die Werke des Teufels zerstöre.

1. JOHANNES 3,8 (SCHLACHTER)

Ich habe die erste Bibelstelle in zwei Übersetzungen zitiert, denn jede Version zeigt einen interessanten Aspekt: Die eine formuliert, dass Menschen vom Teufel überwältigt sind, die andere besagt, dass sie sich in seiner Gewalt (d.h. unter seinem Einfluss und Wirken) befinden.

Es gibt tatsächlich ein *Reich des Teufels*; es betrifft jede Volksgruppe, alle Altersgruppen und jede Gesellschaftsschicht. Die Menschen unter seiner Herrschaft sind unterdrückt und sie brauchen Heilung – und manchmal nicht nur körperliche Heilung. Gott ist bekümmert um die, die unter dem Einfluss dieses Reiches der Finsternis sind, er hört ihre verzweifelten Schreie. Und er hat eine Lösung geschaffen: Er sandte eine gesalbte Person, um sie zu befreien. Jesus wurde gesalbt, um die zu heilen, die unter der Gewalt des Teufels sind. Er brauchte diese Salbung.

Es steht geschrieben, dass die Salbung das Joch zerbricht, und dass der Sohn Gottes erschienen ist, um die Werke des Teufels zu zerstören. Jesus hatte Erfolg, weil Gott mit ihm war. Dann sagte er (Johannes 20,21): „Wie der Vater mich gesandt hat, so sende ich euch!“ Ich bin also gesandt, um die Gerichtsurteile Gottes über die Werke des Teufels auszuführen (Psalm 149,9).

Wir wurden mit den gleichen Zielen und denselben Mitteln ausgesandt wie Jesus. Wir werden es machen wie unser Meister, und wir haben keine Angst vor irgendwelchen Racheakten des Feindes.

IM GLAUBEN ERGREIFE ICH DEN HEILIGEN GEIST, MIT DEM ICH GESALBT BIN, UM DIE ZU HEILEN, DIE UNTER DEM EINFLUSS DES TEUFELS SIND.

82. DER HEILIGE GEIST, MIT DEM WIR GESALBT SIND, UM DEN ARMEN DIE GUTE NACHRICHT ZU VERKÜNDEN

Der Geist des Herrn ist auf mir, weil er mich gesalbt hat, Armen gute Botschaft zu verkündigen ...

LUKAS 4,18

Jesus antwortete und sprach zu ihnen: Geht hin und verkündet Johannes, was ihr gesehen und gehört habt: Blinde sehen wieder, Lahme gehen, Aussätzige werden gereinigt, Taube hören, Tote werden auferweckt, Armen wird gute Botschaft verkündigt!

LUKAS 7,22

Die Salbung ist die Antwort auf die Nöte – wie auch immer sie beschaffen sein mögen. Sobald eine Not einen Menschen unglücklich macht, gerät er ins Visier der Salbung!

Ich glaube nicht, dass Menschen in Not einen gut formulierten und umfassend begründeten Vortrag über die Erlösung durch Jesus Christus als „good news" auffassen, als erfreuliche Neuigkeit. Unsere Art der Verkündigung muss sich grundlegend ändern – und zwar dringend! Das Evangelium besteht nicht nur aus Worten, die der Zuhörer mit Glauben verbinden muss. Wenn wir gesalbt sind, *den Armen* die gute Nachricht zu verkünden, dann bedeutet das, dass wir ihnen konkrete Lösungen anbieten! Jakobus sagt uns:

Wenn aber ein Bruder oder eine Schwester dürftig gekleidet ist und der täglichen Nahrung entbehrt, aber jemand unter euch spricht zu ihnen: Geht hin in Frieden, wärmt euch und sättigt euch!, ihr gebt ihnen aber nicht das für den Leib Notwendige, was nützt es? So ist auch der Glaube, wenn er keine Werke hat, in sich selbst tot. Es wird aber jemand sagen: Du hast Glauben, und ich habe Werke. Zeige mir deinen Glauben ohne Werke, und ich werde dir aus meinen Werken den Glauben zeigen!

JAKOBUS 2,15-19

Die Salbung wird uns zu den Armen hinführen. Sie wird auch bewirken, dass die Armen auf uns zukommen. Die Salbung möchte die Liebe Gottes auf die Armen ausgießen. Gott hat kein Herz aus Stein; er ist bekümmert, wenn es uns schlecht geht.

Den Armen – wer gehört denn zu dieser Gruppe? In Jesaja 61,1-3 finden wir eine anschauliche Aufzählung verschiedener Aspekte von Armut (im Anschluss an die Aussage von der Salbung des Geistes Gottes, die wir brauchen, um den Armen die gute Nachricht zu bringen): „... gesandt, damit ..."

Und nun folgt eine Aufzählung von Armen: *Die gebrochenen Herzens sind, die Gefangenen, die Gebundenen, die Trauernden und die, die einen verzagten Geist haben.*

In Apostelgeschichte 10,38 sehen wir genau die gleiche Zielgruppe: „... der alle heilte, die von dem Teufel überwältigt waren."

Als Johannes der Täufer sich fragte, ob Jesus der verheißene Messias sei oder ob er auf einen anderen warten sollte, gab Jesus ihm zur Antwort:

Blinde sehen wieder, Lahme gehen, Aussätzige werden gereinigt, Taube hören, Tote werden auferweckt, Armen wird gute Botschaft verkündigt!

LUKAS 7,22

Seine frohe Botschaft, die den Armen verkündet wird, ist konkret, sichtbar, spürbar! Der Geist des Herrn ist auf mir, weil er mich gesalbt hat, um den Unglücklichen ein Kanal für konkrete Lösungen zu sein. Das – das ist eine gute Nachricht für sie!

IM GLAUBEN ERGREIFE ICH DEN HEILIGEN GEIST, MIT DEM ICH GESALBT WURDE, DAMIT ARME UND UNGLÜCKLICHE MENSCHEN DURCH MICH PRAKTISCHE LÖSUNGEN ERFAHREN. ICH WERDE MICH ZU WERKEN ANREGEN LASSEN, DIE MIT MEINEM GLAUBEN ÜBEREINSTIMMEN.

83. DER HEILIGE GEIST, MIT DEM WIR GESALBT SIND, UM GEBROCHENE HERZEN ZU HEILEN

Der Geist des Herrn, HERRN, ist auf mir; denn der HERR hat mich gesalbt. Er hat mich gesandt, den Elenden frohe Botschaft zu bringen, zu verbinden, die gebrochenen Herzens sind.

JESAJA 61,1

Der Geist des Herrn ist auf mir, weil er mich gesalbt hat, den Armen frohe Botschaft zu verkünden; er hat mich gesandt, zu heilen, die zerbrochenen Herzens sind.

LUKAS 4,18 (SCHLACHTER)

Zunächst wird hier ein Rahmen festgelegt: „Er hat mich gesalbt, um den Armen die frohe Botschaft zu verkünden." Dann führt uns Gott in eine dynamische Dimension hinein: „Er hat mich gesandt!"

Gott begnügt sich nicht damit, uns zu salben, sondern er sendet auch uns mit dieser Salbung hinaus.
Wohin sendet er uns aus? Zu wem? Und wozu?
Das sind die Fragen, die wir beantworten wollen.

Wir haben hier eine erste Kategorie von Leuten, die sich in Not befinden: Die, die ein gebrochenes Herz haben. Dieser Schmerz ist universell. Jede Altersgruppe, jede Volksgruppe, jede Gesellschaftsschicht ist davon betroffen.

Dieser Aspekt von den zerbrochenen Herzen in Lukas 4 findet sich nicht in jeder Bibelübersetzung – schade. Warum, weiß ich nicht; aber ich bin sicher, dass Jesus diese Stelle aus Jesaja vollständig zitiert hat, als er sie damals in der Synagoge vorlas.

Wir müssen verstehen, dass wir die Salbung brauchen, um zerbrochene Herzen zu heilen. Unsere menschlichen Mittel sind so begrenzt. Jesus empfing die *Salbung*, kein Handbuch von Freud! Psychologie ist ein Hilfsmittel, ihre Möglichkeiten sind allerdings sehr begrenzt. Dazu fällt mir ein Wort aus dem Buch Jeremia ein:

Überaus trügerisch ist das Herz ... wer kann es ergründen?

JEREMIA 17,9

Nur die Salbung Gottes kann zerbrochene Herzen heilen.

Der Ausdruck „die gebrochenen Herzen heilen" lässt uns an jemanden denken, der *alle abgesplitterten Stücke wieder zusammenzufügt und vereint.* Unser Herz ist nicht unteilbar; es ist zerbrechlich. Wie ein Geschirrteil aus Keramik, wie ein Glas zerbricht auch unser Herz unter Schockeinwirkung – durch körperlichen oder seelischen Schock.

David sagte:

Die Schmach bricht mir mein Herz und macht mich krank. Ich warte, ob jemand Mitleid habe, aber da ist niemand, und auf Tröster, aber ich finde keine.

PSALM 69,21 (LUTHER)

Ein gebrochenes Herz zu haben macht krank; es hat Auswirkungen auf unser körperliches, emotionales und geistliches Wohlbefinden. Auch unsere Wertmaßstäbe können darunter leiden. In Christus, dem Gesalbten, und durch seine Salbung der Gnade bekommen wir ein festes Herz (Hebräer 13,9). Dort finden wir Heilung für unser Herz, und wir können auch anderen helfen, durch diese Salbung heil zu werden.

Gott sieht auf das Herz (1. Samuel 16,7). Was sieht er dort? Er prüft die Herzen (Psalm 7,10), er kennt die Herzen aller (Apostelgeschichte 1,24) und er kennt auch die Geheimnisse der Herzen (Psalm 44,21). Gott sieht den Zustand unseres Herzens und er sieht jedes einzelne Stückchen unseres zerbrochenen Herzens – nur er. Deshalb kann auch er alleine es wirklich heilen. Unsere Fähigkeit kommt von Gott (2. Korinther 3,5).

IM GLAUBEN ERGREIFE ICH DEN HEILIGEN GEIST, DURCH DEN ICH GESALBT BIN, DIE GEBROCHENEN HERZEN ZU HEILEN. ER BEFÄHIGT MICH UND GIBT MIR DIE GEISTLICHE EINSICHT, DASS ICH DIESEN DIENST AUSFÜHREN KANN.

84. DER HEILIGE GEIST, MIT DEM WIR GESALBT SIND, UM DEN GEFANGENEN FREIHEIT ZU VERKÜNDEN

Der Geist des Herrn, HERRN, ist auf mir; denn der HERR hat mich gesalbt. Er hat mich gesandt, den Elenden frohe Botschaft zu bringen, ... Freilassung auszurufen den Gefangenen und Öffnung des Kerkers den Gebundenen.

JESAJA 61,1

Ich, der HERR, ich habe dich in Gerechtigkeit gerufen und ergreife dich bei der Hand. Und ich behüte dich und mache dich zum Bund des Volkes, zum Licht der Nationen, blinde Augen aufzutun, um Gefangene aus dem Kerker herauszuführen und aus dem Gefängnis, die in der Finsternis sitzen.

JESAJA 42,6-7

So spricht der HERR: Zur Zeit des Wohlgefallens habe ich dich erhört, und am Tag des Heils habe ich dir geholfen. Und ich werde dich behüten und dich zum Bund des Volkes machen, das Land aufzurichten, die verödeten Erbteile auszuteilen, den Gefangenen zu sagen: Geht hinaus!, und zu denen, die in Finsternis sind: Kommt ans Licht! Sie werden an den Wegen weiden, und auf allen kahlen Höhen wird ihre Weide sein.

JESAJA 49,8-9

Lange Zeit verstand ich diese Stellen so, dass Jesus gesalbt war, um Gefangenen zu *befreien*. Irgendwann entdeckte ich, dass hier etwas anderes steht: Jesus kam, um den Gefangenen *Freilassung zu verkünden*.

Das ist ein großer Unterschied: Jesus sagt in diesem Zusammenhang nicht, wir sollen die Dämonen einer Person austreiben, sondern dieser Person die Öffnung ihres Kerkers verkündigen!

Kerker, Ketten, Qualen – das kommt bei Jesaja immer wieder vor. Man könnte meinen, diese Stellen bezögen sich allein auf die Verheißung Israels zu Jesajas Lebzeiten – die Befreiung aus der babylonischen Gefangenschaft. Doch dann könnte man die Aussagen wohl schwerlich auf Jesus münzen. Zu dessen Lebzeiten war das das babylonische Exil bereits jahrhundertelang vorüber. Es geht hier also um eine andere Gefangenschaft – Gefängnisse, die uns selbst in die Dunkelheit einsperren.

Nun, Gott hat Pläne auch für die, die tatsächlich (aus welchen Gründen auch immer) leibhaftig hinter Gittern sitzen. Dennoch lesen wir nirgends, dass Jesus in Jerusalem zum Gefängnis gegangen wäre und die Zellentüren geöffnet hätte! Wir sind nicht dazu berufen, Beihilfe zur Flucht aus der Vollzugsanstalt zu leisten. Wir können auch nicht anstelle des Richters einfach einen verurteilten Häftling begnadigen. Wir können dieses Wort aber auch nicht als erneute Befreiung unseres Geistes verstehen, da wir bereits „ein

Geist mit dem Herrn" sind (1. Korinther 6,17), und der Geist des Herrn ist nicht im Gefängnis. Auch verbüßen die wenigsten meiner Leser gerade eine Freiheitsstrafe; worum geht es hier also?

Hier kann es nur um unser Inneres gehen – um unsere Seele und unser Herz, das in verschiedene Stücke zerbrechen kann. Diese Stücke können durchaus in Gefangenschaft sein und Qualen leiden. David sagte:

HERR, mein Gott, zu dir habe ich geschrien, und du hast mich geheilt. HERR, du hast meine Seele aus dem Scheol heraufgeholt, hast mich am Leben erhalten und bewahrt vor dem Hinabfahren zur Grube.

PSALM 30,3-4

Nirgendwo wird berichtet, dass David einmal tot gewesen und wieder auferstanden wäre. Trotzdem sagte er, dass seine Seele aus dem Scheol, also dem Totenreich, heraufgeholt worden sei. Ich sehe die Psalmen nicht als eine Sammlung von Gedichten; für mich sind sie Teil des *Wortes Gottes*, das nützlich ist, zu ermahnen, zu unterweisen und uns zu trösten! Auch sind die Psalmen Davids keine sprachliche Stilübung, sondern *das inspirierte Wort Gottes*. Dieses Thema würde ich gerne in einem meiner nächsten Bücher anpacken.

Die Salbung des Heiligen Geistes ist unverzichtbar für die Ausführung unseres Auftrags; ohne die Salbung finden wir uns in vielen Situationen unbewaffnet vor.

IM GLAUBEN ERGREIFE ICH DEN HEILIGEN GEIST, MIT DEM ICH GESALBT BIN, UM DEN GEFANGENEN FREIHEIT ZU VERKÜNDIGEN. ICH WERDE MIR DAZU VOM GEIST GOTTES DIE RICHTIGE VORGEHENSWEISE BEIBRINGEN LASSEN.

85. DER HEILIGE GEIST, MIT DEM WIR GESALBT SIND, UM DEN BLINDEN ZU VERKÜNDEN, DASS SIE SEHEN SOLLEN

Der Geist des Herrn ist auf mir, weil er mich gesalbt hat, Armen gute Botschaft zu verkündigen; er hat mich gesandt, Gefangenen Freiheit auszurufen und Blinden, dass sie wieder sehen, Zerschlagene in Freiheit hinzusenden.

LUKAS 4,18

Ich werde dich herausnehmen aus dem Volk und den Nationen, zu denen ich dich sende, ihre Augen zu öffnen, dass sie sich bekehren von der Finsternis zum Licht und von der Macht des Satans zu Gott, damit sie Vergebung der Sünden empfangen und ein Erbe unter denen, die durch den Glauben an mich geheiligt sind.

APOSTELGESCHICHTE 26,17-18

Während seines Dienstes hat Jesus viele Male dieses Wort erfüllt und die Blinden sehend gemacht. Wenn wir ganz genau sein wollen, dann sehen wir, dass es in Lukas 4,18 nicht darum geht, die Blinden sehend zu machen, sondern ihnen *„zu verkünden, ... dass sie wieder sehen"*. Es ist interessant, dass Jesus hier nicht nur den Gefangenen Freiheit verkündigt, sondern auch den Blinden das Augenlicht – dabei war davon in der zitierten Jesajastelle gar nicht die Rede (allerdings spricht der Prophet an anderen Stellen mehrfach davon). Warum nennt Jesus Freiheit und Augenlicht in einem Atemzug?

Auch bei Jesaja finden wir diese beiden Aspekte nebeneinander:

... *blinde Augen aufzutun, um Gefangene aus dem Kerker herauszuführen und aus dem Gefängnis, die in der Finsternis sitzen.*

JESAJA 42,7

48 Mal finden wir im Neuen Testament das Wort *blind* – davon 15 Mal als Beschreibung eines geistlichen Zustands. Von Anfang an ist jeder Mensch geistlich blind; unser Fleisch kann die Augen nicht zum Himmel erheben – es ist in Feindschaft gegen Gott. Außerdem sorgt Satan dafür, dass die Menschen geistlich blind sind. Paulus schreibt dazu:

... *den Ungläubigen, bei denen der Gott dieser Welt den Sinn verblendet hat, damit sie den Lichtglanz des Evangeliums von der Herrlichkeit des Christus, der Gottes Bild ist, nicht sehen.*

2. KORINTHER 4,4

Sehr bezeichnend ist auch, was Jesus zu Paulus sagte bei dessen Bekehrung:

Ich werde dich herausnehmen aus dem Volk und den Nationen, zu denen ich dich sende, ihre Augen zu öffnen, dass sie sich bekehren von der Finsternis zum Licht und von der Macht des Satans zu Gott, damit sie Vergebung der Sünden empfangen und ein Erbe unter denen, die durch den Glauben an mich geheiligt sind.

APOSTELGESCHICHTE 26,17-18

Wir sehen hier eine Kettenreaktion:

- Zunächst werden die Augen geöffnet,
- dann gehen die Menschen von der Dunkelheit ins Licht.

Das könnte auch verstanden werden als ein Übertritt von Unwissenheit zur Wahrheit, aus dem Herrschaftsbereich Satans in das Reich Gottes hinein. Tatsächlich geben wir durch unsere Unwissenheit dem Teufel Macht über uns: „Mein Volk kommt um aus Mangel an Erkenntnis" (Hosea 4,6). „Die Wahrheit wird euch frei machen" (Johannes 8,32).

Schließlich empfangen diese Menschen Vergebung und ein Erbe durch den Glauben – jetzt ist es für sie möglich geworden.

Konkreter: Wenn uns das Wort Gottes offenbart wird, dann kommen wir dadurch von der Finsternis ins Licht. In den Psalmen lesen wir:

Die Eröffnung deiner Worte erleuchtet.

PSALM 119,130 (SCHLACHTER)

IM GLAUBEN ERGREIFE ICH DIESEN GEIST, MIT DEM ICH GESALBT BIN. ER HAT MICH GESALBT, UM DEN GEISTLICH UND DEN KÖRPERLICH BLINDEN EINE NEUE SICHT ZU GEBEN.

86. DER HEILIGE GEIST, MIT DEM WIR GESALBT SIND, UM DIE UNTERDRÜCKTEN ZU BEFREIEN

Der Geist des Herrn ist auf mir, weil er mich gesalbt hat, Armen gute Botschaft zu verkündigen; er hat mich gesandt, ... Zerschlagene in Freiheit hinzusenden.

LUKAS 4,18

Der Geist des Herrn ruht auf mir, denn der Herr hat mich gesalbt. Er hat mich gesandt, ... den Unterdrückten die Freiheit zu bringen.

LUKAS 4,18 (NEUE GENFER ÜBERSETZUNG)

In diesem Kapitel geht es um eine weitere Kategorie von Notleidenden: *die Unterdrückten* (also alle Opfer von Bedrückung gleich welcher Art).

Wir haben vorhin gesehen, dass Gott sich nicht damit begnügt, uns nur zu salben; er sendet uns mit dieser Salbung aus. Dabei haben wir einen mehrfachen Auftrag; wir sollen

- heilen,
- verkündigen und
- befreien.

Der Begriff *befreien* lässt uns an Sklaven oder an Gefangene denken, aber auch an Begnadigung (Straferlass) und Vergebung. Was auch immer wir unter Unterdrückung verstehen: Wir sollen Menschen befreien von den Lasten, die auf ihnen liegen – von der Knechtschaft der Sünde, von Furcht, von Armut, von Krankheit oder aus der Unterdrückung durch andere Menschen.

IM GLAUBEN ERGREIFE ICH DEN HEILIGEN GEIST, MIT DEM ICH GESALBT BIN, UM DIE UNTERDRÜCKTEN ZU BEFREIEN. ICH WERDE MIT DIESEM GEIST ZUSAMMENARBEITEN, UM MENSCHEN FREIHEIT ZU BRINGEN.

87. DER HEILIGE GEIST, MIT DEM WIR GESALBT SIND, UM EIN GNADENJAHR AUSZURUFEN

Der Geist des Herrn, HERRN, ist auf mir; denn der HERR hat mich gesalbt ... auszurufen das Gnadenjahr des HERRN.

JESAJA 61,1-2

Und ihr sollt das Jahr des fünfzigsten Jahres heiligen, und sollt im Land Freilassung für all seine Bewohner ausrufen. Ein Jobeljahr soll es euch sein, und ihr werdet jeder wieder zu seinem Eigentum kommen und jeder zu seiner Sippe zurückkehren.

3. MOSE 25,10

... und ruft Freiheit für alle Bewohner des Landes aus!

3. MOSE 25,10 (EINHEITSÜBERSETZUNG)

Was ist dieses Gnadenjahr?

Es ist das Jobeljahr, oft auch Jubeljahr genannt. In 3. Mose 25 können wir Gottes Absicht und seine Anweisungen zu diesem Jahr finden:

- Es ist das Jahr, in dem man Freiheit ausruft, die Freilassung aller Bewohner.
- In diesem Jahr wurden alle israelitischen Sklaven freigelassen.
- In diesem Jahr wurden alle Schulden erlassen.
- In diesem Jahr wurden alle Grundstücke (Eigentum, Erbe) zurückgegeben.

Das Jobeljahr ist eine gute Einrichtung, sein Anbruch eine gute Nachricht für die Armen. Denn ihnen nützte es am meisten – ganz gleich, ob sie unverschuldet (z. B. aufgrund eines Unfalls) oder wegen Misswirtschaft verarmt waren. Wenn man seine Schulden nicht mehr anders begleichen konnte, verkaufte man damals seinen Grundbesitz und dann sich selbst und seine Familie als Sklaven. Gott aber sah für sein Volk Israel eine Zeit der Wiederherstellung und des Trostes vor; eine Zeit, in der die Armut mit all ihren Konsequenzen abgeschafft werden würde. Diejenigen, die aufgrund von Schulden ihre Freiheit verloren hatten, sollten wieder frei werden.

Das Einhalten des Jobeljahrs beinhaltet aber nicht nur die allgemeine Freilassung, sondern auch Verantwortung für uns:

- Das Jobeljahr ist ein *Jahr der Ruhe*. Das Jobeljahr auszuleben, bedeutete, in diese Ruhe hineinzukommen.
- Das Jobeljahr einzuhalten, erfordert *Glauben* – Vertrauen auf Gott, dass er versorgt.

- Das Jobeljahr *erinnert daran, dass die Erde Gott gehört* samt allem, was darin ist (3. Mose 25,23).
- Das Jobeljahr *erinnert auch daran*, dass Gott *ein Befreier* ist und dass wir seine Knechte sind und niemandes Sklaven sein sollen (3. Mose 25,42).

Wenn wir wie Jesus dieses Gnadenjahr ausrufen, bedeutet das, dass wir von nun an in diesem Gnadenjahr leben. Achten wir also darauf, dass wir andere befreien, dass wir wiederherstellen, dass wir in der Ruhe leben, dass wir aus dem Glauben leben. Man kann nämlich nicht einen befreienden Gott feiern und gleichzeitig ein Komplize all der Sklavereien sein, die auf der Menschheit lasten.

IM GLAUBEN ERGREIFE ICH DEN HEILIGEN GEIST, MIT DEM ICH GESALBT BIN, UM DAS GNADENJAHR GOTTES AUSZURUFEN. ICH GLAUBE AN DIESES JOBELJAHR, DIESE GNADENZEIT. DURCH GOTTES GEIST KANN ICH DAS ERLEBEN UND UMSETZEN.

88. DER HEILIGE GEIST, MIT DEM WIR GESALBT SIND, UM EINEN TAG DER RACHE AUSZURUFEN

Der Geist des Herrn, HERRN, ist auf mir; denn der HERR hat mich gesalbt ... auszurufen das Gnadenjahr des HERRN und den Tag der Rache für unseren Gott.

JESAJA 61,1-2

Sagt zu denen, die ein ängstliches Herz haben: Seid stark, fürchtet euch nicht! Siehe, da ist euer Gott, Rache kommt, die Vergeltung Gottes! Er selbst kommt und wird euch retten.

JESAJA 35,4

Denn wir kennen den, der gesagt hat: „Mein ist die Rache, ich will vergelte"; und wiederum: „Der Herr wird sein Volk richten."

HEBRÄER 10,30

Siehe, ich komme bald und mein Lohn mit mir, um einem jeden zu vergelten, wie sein Werk ist.

OFFENBARUNG 22,12

In Jesaja finden wir die Doppelnennung Tag der Gnade und Tag der Vergeltung noch an einer weiteren Stelle:

Denn ich hatte einen Tag der Vergeltung mir vorgenommen; das Jahr, die Meinen zu erlösen, war gekommen.

JESAJA 63,4 (LUTHER)

Anschließend werden hier der Zorn und der Grimm Gottes beschrieben.

Als Jesus in der Synagoge diese Stelle aus Jesaja 61 vorlas, ließ er diesen Teil vom Tag der Rache bewusst weg. Er kam ja, um die Zeit der Gnade zu verkünden, die Zeit des Heils. Der Tag der Rache wird bei seiner Wiederkunft stattfinden. Zuerst kam Jesus, um zu retten; er kommt wieder, um zu richten.

Statt mit *Rache* wird dieses hebräische Wort oft auch mit *Vergeltung* übersetzt; dieses Wort gebraucht auch die Septuaginta, die griechische Übersetzung des Alten Testaments aus den letzten Jahrhunderten v. Chr. Vergeltung bedeutet Belohnung, Lohn. Es spielt also auf das Gericht Christi an, wo jeder das Lob bekommen wird, das er verdient (1. Korinther 4,5). Der Herr wird sein Volk richten, und wir werden alle vor dem Richterstuhl Christi erscheinen.

Denn wir müssen alle offenbar werden vor dem Richterstuhl Christi, damit jeder seinen Lohn empfange für das, was er getan hat bei Lebzeiten, es sei gut oder böse.

2. KORINTHER 5,10 (LUTHER)

Wir finden also nicht nur eine Verheißung, dass Gott uns richten wird, sondern auch die sichere Ankündigung, dass es einen Tag der

Belohnung geben wird. Unser Glaube, unser Gehorsam, unser Gutestun sind nicht umsonst. Diese Ankündigung ist noch besser als das Strafgericht gegen unsere Feinde.

IM GLAUBEN ERGREIFE ICH DEN HEILIGEN GEIST, MIT DEM ICH GESALBT BIN, UM EINEN TAG DER RACHE UND DER VERGELTUNG AUSZURUFEN. ICH GLAUBE DARAN, DASS GOTT GERECHTIGKEIT HERSTELLEN WIRD; ICH TRACHTE ALSO NICHT DANACH, MICH SELBST ZU RÄCHEN. UND ICH LEBE IM BEWUSSTSEIN DESSEN, DASS DER HERR MIR EINES TAGES MEINEN LOHN GEBEN WIRD.

89. DER HEILIGE GEIST, MIT DEM WIR GESALBT SIND, UM DIE TRAUERNDEN ZU TRÖSTEN

Der Geist des Herrn, HERRN, ist auf mir; denn der HERR hat mich gesalbt ... zu trösten alle Trauernden, den Trauernden Zions Frieden, ihnen Kopfschmuck statt Asche zu geben, Freudenöl statt Trauer, ein Ruhmesgewand statt eines verzagten Geistes, damit sie Terebinthen der Gerechtigkeit genannt werden, eine Pflanzung des HERRN, dass er sich durch sie verherrlicht.

JESAJA 61,1-3

Der Heilige Geist salbt uns:

- *um die Trauernden zu trösten.*
  Die Septuaginta übersetzt *Trauernde* mit demselben Wort, das Jesus in seiner ersten Seligpreisung (Matthäus 5,3) benutzt. Hier wie dort geht es um die „Trauernden Zions“, das heißt um die Trauernden und Traurigen im Volk Gottes.

- *... um ihnen Kopfschmuck statt Asche zu geben, Freudenöl statt Trauer ...*
  Ein Zeichen für Trauer war, sich Asche auf das Haupt zu häufen.

Diese Asche der Trauer soll durch festlichen Schmuck ersetzt werden. Das hebräische Wort bedeutet *Schönheit, Verschönerung*. Die Septuaginta übersetzt es noch kraftvoller mit dem Wort *Herrlichkeit*. Und schließlich werden die Trauernden mit Freudenöl gesalbt, sie bekommen also eine Salbung der Freude. Alle diese Begriffe zeigen uns: Dieser Trost ist mehr als nur eine Mitleidsbezeugung, er ist intensiv und wirksam.

- *... um ihnen ein Ruhmesgewand zu geben statt eines verzagten Geistes ...*
  Das Gegenteil eines niedergeschlagenen Geistes ist also ein Ruhmesgewand, ein Gewand des Lobpreises! Der Heilige Geist gibt dieses Lobpreisgewand, er gibt uns Lobpreis ein und richtet unseren Geist wieder auf. Gottes Geist gibt uns „statt des Geistes der Schwere ein Gewand der Herrlichkeit" (so die Septuaginta).

- *... damit man sie Terebinthen der Herrlichkeit nenne, eine Pflanzung des Herrn, die ihn verherrlicht.*
  Sie werden also zu Menschen, die in Gerechtigkeit verwurzelt sind und Früchte der Gerechtigkeit tragen. Dieser Aspekt der Salbung wird dem Volk Gottes wirklich wohltun.

Welch ein Trost!

IM GLAUBEN ERGREIFE ICH DEN HEILIGEN GEIST, MIT DEM ICH GESALBT BIN, UM DIE TRAUERNDEN UND DIE WEINENDEN IM VOLK GOTTES ZU TRÖSTEN. ICH WERDE MICH NICHT VON IHNEN ABWENDEN.

90. DER HEILIGE GEIST, DER UNS DAS WORT MIT ZUVERSICHT VERKÜNDIGEN LÄSST UND ES BESTÄTIGT DURCH ERWEISUNGEN DER KRAFT

Und als sie gebetet hatten, bewegte sich die Stätte, wo sie versammelt waren; und sie wurden alle mit dem Heiligen Geist erfüllt und redeten das Wort Gottes mit Freimütigkeit.

APOSTELGESCHICHTE 4,31

Denn er hat gesagt: ..., so dass wir zuversichtlich sagen können ...

HEBRÄER 13,4-5

Und meine Rede und meine Predigt bestand nicht in überredenden Worten der Weisheit, sondern in Erweisung des Geistes und der Kraft, damit euer Glaube nicht auf Menschenweisheit, sondern auf Gottes Kraft beruhe.

1. KORINTHER 2,4-5

Jene aber zogen aus und predigten überall, während der Herr mitwirkte und das Wort durch die darauf folgenden Zeichen bestätigte.

MARKUS 16,20

- *Wir kennen die Wahrheit:* Wir verkünden das Wort mit Zuversicht, denn wir wissen: Das sind weder Märchen noch irgendwelche religiösen Meinungen; es ist die Wahrheit und wir sind von ihr überzeugt; wir glauben daran und wir leben danach. Wir dürfen nie etwas verkündigen, das wir nur zur Hälfte glauben und das wir nicht auch selbst ausleben. Keine Macht der Welt kann etwas gegen die Wahrheit ausrichten (2. Korinther 13,8).

- *Wir wissen, dass das Evangelium eine Kraft Gottes ist* zum Heil für jeden, der glaubt (Römer 1,16). Diese Kraft lässt keinerlei Ausnahme zu – sie gilt tatsächlich jedem, der glaubt.

- *Wir wissen, dass dieses Wort bestätigt wird durch eine Erweisung der Kraft*. Dieser selbe Geist, der uns dieses Wort eingibt, wird es auch durch Kraftzeichen bestätigen. Nicht wir müssen die Leute überzeugen, der Geist Gottes wird es tun. Nicht wir müssen den Wahrheitsgehalt des Wortes beweisen, der Geist Gottes wird es tun.

IM GLAUBEN ERGREIFE ICH DEN HEILIGEN GEIST, DER MIR DAS WORT EINGIBT, DAS ICH VERKÜNDIGEN SOLL; UND ER WIRD ES AUCH BESTÄTIGEN DURCH DIE ERWEISUNG SEINER KRAFT.

91. DER HEILIGE GEIST, DER UNS ZUR RUHE BRINGT

Wie das Vieh, das in das Tal hinabzieht, brachte der Geist des HERRN sie zur Ruhe. So hast du dein Volk geleitet, um dir einen herrlichen Namen zu machen.

JESAJA 63,14

Wenn gesagt wird: „Heute, wenn ihr seine Stimme hört, verhärtet eure Herzen nicht wie in der Erbitterung"; welche haben denn gehört und sich aufgelehnt? Waren es denn nicht alle, die durch Mose von Ägypten ausgezogen waren? Welchen aber zürnte er vierzig Jahre? Nicht denen, welche gesündigt hatten, deren Leiber in der Wüste fielen? Welchen aber schwor er, dass sie nicht in seine Ruhe eingehen sollten, wenn nicht denen, die ungehorsam gewesen waren? Und wir sehen, dass sie wegen des Unglaubens nicht hineingehen konnten.

HEBRÄER 3,15-19

Diese Ruhe des Geistes hat nichts mit „Däumchendrehen“ zu tun. Die Ruhe, die der Heilige Geist uns gibt, ist die Ruhe des Glaubens.

Wegen ihres Unglaubens konnten die Stämme Israels nicht in die Ruhe Gottes hineinkommen. Was für eine Ruhe war das? Richtig, das ihnen verheißene Land Kanaan – in dem sie sich für immer niederlassen und den ihnen zugelosten Anteil bebauen sollten! Gott hatte ihnen geboten, das Land einzunehmen, aber statt ihm zu glauben, waren sie voller Angst und Unglauben und beschlossen, lieber wieder nach Ägypten zurückzukehren oder in der Wüste zu sterben (4. Mose 14,2-10 und 20-23). Welch eine Lektion für uns!

Sie hatten Glauben genug gehabt, um Ägypten zu verlassen, aber sie hatten keinen Glauben, um Kanaan einzunehmen. Auch heute gibt es viele solcher „Gläubigen“: Sie haben Ägypten zwar verlassen, blieben dann aber leider stehen bei dem Glauben, der ihre Bekehrung bewirkt hatte. Mose sagte:

Uns aber führte er von dort heraus, um uns herzubringen, uns das Land zu geben, das er unseren Vätern zugeschworen hat.

5. MOSE 6,23

Was Gott zusammengefügt hat, sollen wir nicht scheiden. Lasst uns nicht damit zufrieden sein, unserem früheren Elend entronnen zu sein; lasst uns bis zum Ende weitergehen! Gott möchte uns triumphieren lassen über unsere Feinde. Lasst uns heraustreten aus der Generation, die sich an die Wüste gewöhnt hat und dort sterben wird! Lasst uns eine andere Sicht und ein anderes Ziel haben als die Wüste! Lasst uns die Einstellung von Josua und Kaleb zum Vorbild nehmen:

Kaleb beschwichtigte das Volk, das gegenüber Mose murrte, und sagte: Lasst uns nur hinaufziehen und es in Besitz nehmen, ***denn wir werden es gewiss bezwingen****!*

4. MOSE 13,30

Ja, wir werden ganz gewiss die Verheißungen Gottes erleben und ausleben!
Kanaan – das ist noch lange nicht der Himmel. Kanaan ist ein Synonym für den Kampf, für Landeinnahme; es ist der Sieg über alle Feinde; es ist die Ruhe zum Sieg, indem wir siegen. In Kanaan gab es Krieg – und es gab auch Sünde. Im Himmel gibt es beides nicht mehr! Kanaan, das Land der Verheißung – das ist „Christus in uns", der sein triumphierendes Leben durch uns lebt. Noch in der Nacht, in der sie das Blut des Passahlammes an ihre Türpfosten gestrichen hatten, brachen die Israeliten auf zu einer weiten Reise (2. Mose 12,11).

Dieser Tag markierte für sie einen Neubeginn, nicht nur das Ende eines Albtraums oder einen besonderen Höhepunkt in ihrer Biografie. *Das Passah war ein Anfang, der Beginn eines Weges und nicht sein Ende!*

Mit Christus: Weil ich mit Christus gestorben bin, höre ich auf, eigene Leistung bringen zu wollen; ich lege meine eigenen Werke zur Seite und trete in die Ruhe Gottes ein (Hebräer 4,10). Sobald ich begriffen habe, dass ich mit Christus gestorben bin, dass ich „verwachsen" bin „in der Gleichheit seines Todes" (Römer 6,5), dann beginne ich, in der Gnade zu wachsen, denn nicht mein eigenes Leben, sondern das göttliche Leben in mir muss wachsen!

Er muss wachsen, ich aber muss abnehmen.

JOHANNES 3,30

In Gottes Ruhe einzugehen bedeutet auch, zu erkennen:

Treu ist, der euch beruft; ***er wird es auch tun.***

1. THESSALONICHER 5,24

Oder wie Jesaja sagt:

HERR, du wirst uns Frieden geben, denn du hast ja alle unsere Werke für uns vollbracht.

JESAJA 26,20

Oder Paulus:

Nicht mehr lebe ich, sondern Christus lebt in mir; was ich aber jetzt im Fleisch lebe, lebe ich im Glauben, und zwar im Glauben an den Sohn Gottes, der mich geliebt und sich selbst für mich hingegeben hat.

GALATER 2,20

Also nicht mehr ich versuche, Gott zu gefallen, sondern Christus in mir macht mich angenehm vor Gott. Nicht mehr ich diene Gott, sondern Christus, der in mir lebt; und was ich vollbringe, das vollbringe ich im Glauben an den Sohn Gottes. In diese Ruhe will uns der Heilige Geist hineinführen. Zu dieser Ruhe hin will uns der Geist erziehen. Die Ruhe des Glaubens hat verschiedene Ausprägungen und erweist sich in unserem Alltag, im aktiven Vertrauen auf Gottes Verheißungen und im Dienst, zu dem Christus uns beruft.

Es gibt noch eine andere Ruhe, die Ruhe der Niederlage! Man erlebt sie, wenn man sich unter Druck von der Position, die man im Glauben eingenommen hat, zurückzieht – und dann verspürt unser Fleisch eine gewisse Ruhe; der Feind lässt seine Umklammerung los, denn er hat ja sein Ziel erreicht. Aber diese Ruhe kommt nicht vom Herrn!

IM GLAUBEN ERGREIFE ICH DEN HEILIGEN GEIST, DER MICH ZUR RUHE FÜHRT, DER MICH LEHRT, HINEINZUKOMMEN UND DER MIR HILFT, IN IHR ZU LEBEN.

92. DER HEILIGE GEIST, DER UNS DAS REDEN IN VERSCHIEDENEN SPRACHEN SCHENKT

Und sie wurden alle mit Heiligem Geist erfüllt und fingen an in anderen Sprachen zu reden, wie der Geist ihnen gab auszusprechen.

APOSTELGESCHICHTE 2,4

Denn dem einen wird durch den Geist ... gegeben; ... einem anderen verschiedene Arten von Sprachen; einem anderen aber Auslegung der

Sprachen. Dies alles aber wirkt ein und derselbe Geist und teilt jedem besonders aus, wie er will.

1. KORINTHER 12,8-11

Dieses Reden in Sprachen bedeutet, sich unter der Inspiration des Geistes in einer Sprache auszudrücken, die man nicht gelernt hat. Diese Fähigkeit wird uns vom Heiligen Geist verliehen; weder ist sie ein Beweis für unsere Errettung noch ein Zeichen geistlicher Überlegenheit, von Heiligkeit oder gar Unfehlbarkeit.

Wenn ich so in Sprachen rede, dann betet mein Geist (1. Korinther 14,14). Ich mache meinen Mund auf, nicht der Heilige Geist. Während ich in Sprachen oder rede, betet mein Geist, vereint mit dem Heiligen Geist; mein Verstand ist dabei nicht gefragt.

DIE VORTEILE DER SPRACHENREDE

- *Sie ermöglicht uns grenzenlose Gemeinschaft* mit Gott (1. Korinther 14,2): Über alle unsere menschliche Begrenztheit, über all unsere menschlichen Worte hinaus können wir im Sprachengebet mit Gott kommunizieren.

- *Sie ermöglicht uns, uns selbst aufzuerbauen* (1. Korinther 14,4; Judas 20). In diesen Versen steckt der Gedanke des Aufbauens, des Nachfüllens. Die Sprachenrede ist ein „geistliches Ladegerät".

- *Sie ist eine wertvolle Hilfe* im Gebet und in der Fürbitte (Römer 8,26-27). Paulus schreibt, dass nicht wissen, was wir beten sollen. Er sagt nicht: „Wenn ihr nicht wisst ...", sondern er behauptet: „Ihr wisst nicht!"

Wir brauchen also Hilfe. Mit der Hilfe des Geistes und durch ihn haben wir die Zuversicht, dass wir in seinem Willen beten und dabei unsere menschlichen Begrenzungen hinter uns lassen können.

- *Sie ist eine vortreffliche Möglichkeit, Gott zu loben und zu danken* (1. Korinther 14,17). Paulus sagt, dass wir damit wunderschön danksagen können – wenn wir das allerdings im gemeinsamen Gebet tun, haben unsere Geschwister nicht viel davon, weil sie es ja nicht verstehen. Also danke ich im öffentlichen Gottesdienst, in der Gemeinde, mit verständlichen Worten. Aber wenn ich alleine bin – dann will ich Gott so optimal danken wie nur irgend möglich!
- *Sie ist eine Waffe im geistlichen Kampf* (Markus 16,17-18; Epheser 6,18). In diesen Bibelstellen wird das Sprachengebet bzw. das Beten im Geist erwähnt als ein Bestandteil des geistlichen Kampfes. Markus nennt die Sprachenrede in einem Atemzug mit Dämonen austreiben, Schlangen ergreifen, tödliche Getränke trinken, Kranke heilen. Im Epheserbrief ist sie Teil der Waffenrüstung, die wir benötigen, um standhaft zu bleiben. Es ist eine wirksame Waffe für uns selbst und für andere.

- *Sie erfrischt* und gibt uns Ruhe (Jesaja 28,11-12). Woher weiß ich, dass es hier um die Gabe der Sprachenrede geht? Paulus zitiert diese Jesajastelle im Zusammenhang mit seinen Ausführungen über das Reden in Sprachen (1. Korinther 14,21).

ZWEIERLEI SPRACHENREDE

Bei genauerem Hinsehen erkennen wir zwei Arten von Sprachenrede, die Sprachenrede für jeden Gläubigen und die Sprachenrede als besondere Gabe für die Gemeinde.

Die Sprachenrede für jeden Gläubigen:

- Sie gehört zu den Zeichen, die denen folgen, die glauben (Markus 16,17-18) – also allen, die an Jesus Christus glauben, denn Gott sieht nicht die Person an.
- Sie ist uns gegeben zu unserer persönlichen Auferbauung (1. Korinther 14,49) und eröffnet uns all die oben beschriebenen Vorteile. Sie dient zu unserem persönlichen Nutzen.

Die Sprachenrede als geistliche Gabe für die Gemeinde:

- Der Heilige Geist gibt sie, wem er will und wann er will (1. Korinther 12,11)
- Als Gabe des Geistes wird sie zur allgemeinen Auferbauung und zum Nutzen aller gegeben (1. Korinther 12,7 und 14,13). Paulus fragt: „Reden sie alle in Sprachen?“ Die Antwort ist natürlich „Nein!“, selbst wenn alle Christen potenziell dazu fähig sind, diese Gabe zu praktizieren.

DIE UMSETZUNG:

1. Als Zeichen, das allen Gläubigen folgt,

geschieht die Sprachenrede auf Initiative des Menschen, in der persönlichen Gemeinschaft mit Gott, im Alltag. Paulus ist diesbezüglich ein leuchtendes Vorbild, er sprach mehr in Sprachen als alle anderen. Und doch redete er in der Versammlung lieber nur fünf Wörter mit seinem Verstand als zehntausend Wörter in Sprachen (1. Korinther 14,18-19). Paulus lehrt, dass man auch für sich alleine in Sprachen reden kann (1. Korinther 14,28). Deshalb können wir es wirklich jederzeit und überall tun.

Auch in der Gemeinschaft kann man so für sich selbst in Sprachen reden (es reicht ja, wenn der Herr es hört). In der Anbetungszeit können wir auch alle gemeinsam in Sprachen reden oder singen. In diesem Fall verlangt das Wort Gottes keine Auslegung (Apostelgeschichte 2,4; 10,46).

2. Als Gabe des Geistes für die Gemeinde
geschieht Sprachenrede auf Initiative Gottes. Das Sprachenreden steigt in einem empor, ähnlich wie bei einer Weissagung. Im Gottesdienst oder in der Gemeinschaft soll sie die ganze Versammlung auferbauen; deshalb soll immer nur einer nach dem anderen in Sprachen reden (1. Korinther 14,27). Die Auslegung geschieht entweder durch die Person selbst oder durch eine andere Person (1. Korinther 12,10; 14,13; 14,27).

IM GLAUBEN ERGREIFE ICH DEN HEILIGEN GEIST, DER MIR DIE FÄHIGKEIT GIBT, IN ANDEREN SPRACHEN ZU REDEN. ICH EMPFANGE DIESES GESCHENK DES HIMMELS UND VERACHTE ES NICHT. ICH AKTIVIERE MEINEN GLAUBEN UND ERGREIFE ALL DIE VORZÜGE DIESER GABE.

93. DER HEILIGE GEIST, DER AUCH „NEIN“ SAGEN KANN

Sie durchzogen aber Phrygien und die galatische Landschaft, nachdem sie von dem Heiligen Geist verhindert worden waren, das Wort in Asien zu reden; als sie aber in die Nähe von Mysien kamen, versuchten sie, nach Bithynien zu reisen, und der Geist Jesu erlaubte es ihnen nicht.

APOSTELGESCHICHTE 16,6-7

Sie wurden vom Heiligen Geist verhindert, etwas zu tun; der Heilige Geist erlaubte es ihnen nicht. Auch das ist eine Facette des Heiligen Geistes. Er kann uns mit einer inneren Stimme in unseren Geist hinein „Nein“ sagen. Sollten wir dafür taub sein, kann er auch Umstände gebrauchen oder Türen verschlossen halten, um etwas zu verhindern. Natürlich wollten Paulus und seine Begleiter nicht etwas Böses tun; hier geht es um ein Projekt, das uns gut erscheint, aber nicht vom Geist gebilligt wird.

Warum wollen wir immer wieder Projekte durchführen, die zwar an sich nicht schlecht sind und die sogar sehr gut sein können, aber die dennoch nicht die Zustimmung des Heiligen Geistes finden?

- *Eine Reaktion auf eine Not.* Doch dringend ist nicht immer auch wichtig oder richtig; wir müssen wissen, wozu wir berufen sind.
- *Druck von außen.* Schwierige Umstände, Zeitdruck oder die Erwartungen von Menschen können uns zum (wenn auch wider willigen) Handeln bewegen.

- „Gute“ Argumente, Logik
- *Unsere Wünsche.* Gott bewirkt zwar in uns sowohl das Wollen als auch das Vollbringen (Philipper 2,13); das heißt aber noch lange nicht, dass unsere Wünsche immer genau konform wären mit dem Willen Gottes.
- *Unsere Hyperaktivität:* Manchmal will Gott einfach, dass wir nichts für ihn tun, sondern einfach vor ihm sind.

Nicht jede verschlossene Tür ist ein Werk des Teufels.

ICH DANKE GOTT, DER MICH NICHT EINEN MINDERWERTIGEN ODER SCHLECHTEN WEG GEHEN LÄSST. IM GLAUBEN ERGREIFE ICH DEN HEILIGEN GEIST, DER AUCH „NEIN“ SAGEN UND MICH AM HANDELN HINDERN KANN. ICH WERDE IHM GEHÖR SCHENKEN UND SEINER STIMME FOLGEN.

94. DER HEILIGE GEIST, DEN ICH TRAURIG STIMMEN KANN

Und tut nichts, was Gottes heiligen Geist traurig macht!

EPHESER 4,30 (NEUE GENFER ÜBERSETZUNG)

EIN ALBTRAUM VON GOTT

Die meisten würden mir zustimmen, dass Gott auch durch Träume zu uns redet. Aber durch Albträume?

Ich erinnere mich an eine Nacht, in der ich sehr unruhig schlief. Ich hatte einen Albtraum:

Ich war ein Geist im Körper einer anderen Person. Ein echter Horrortrip! Dabei hatte ich seit über zwölf Jahren keine Drogen mehr genommen. Diese Person im Traum, in der ich steckte, brachte mich an Orte, an die ich nicht hingehen wollte; sie ließ mich Dinge sehen, die ich nicht sehen wollte, und sie ließ mich Dinge hören, die ich nicht hören wollte. Diese Person tat alles Mögliche, das ich nicht wollte. Gefangen im Inneren dieser Person, schrie und weinte ich, ich wehrte mich mit aller Kraft – umsonst: Dieser Körper machte einfach weiter. Schweißgebadet erwachte ich. Und dann hörte ich die Stimme des Heiligen Geistes: „So gehen die meisten meiner Kinder mit mir um!"

An diesem Tag, das heißt, in dieser Nacht verstand ich: Der Heilige Geist in mir ist eine Person, der ich Leid zufügen kann, der ich widerstehen kann, die ich traurig stimmen kann. Dieses Erlebnis hat mir mehr gebracht als viele Bücher. Jetzt möchte ich den Heiligen Geist nicht mehr betrüben, ich will ihm Respekt entgegenbringen.

Tut nichts, was Gottes heiligen Geist traurig macht! Das griechische Wort, das hier mit *traurig machen* übersetzt wird, enthält nicht nur die *Vorstellung von Traurigkeit* und *Kummer*, sondern auch von *Verärgerung, Schmerz und Kränkung*. Das alles kann ich dem Heiligen Geist zufügen, der in mir ist!

IM GLAUBEN ERGREIFE ICH DEN HEILIGEN GEIST GOTTES, DEN ICH NICHT TRAURIG STIMMEN UND NICHT KRÄNKEN WILL. ICH WERDE IHN RESPEKTVOLL BEHANDELN UND AUF IHN HÖREN.

95. DER HEILIGE GEIST, DEN MAN AUSLÖSCHEN, BESCHIMPFEN UND LÄSTERN KANN

Den Geist löscht nicht aus!

1. THESSALONICHER 5,19

Wie viel schlimmere Strafe, meint ihr, wird der verdienen, der den Sohn Gottes mit Füßen getreten und das Blut des Bundes, durch das er geheiligt wurde, für gemein erachtet und den Geist der Gnade geschmäht hat?

HEBRÄER 10,29

Wer aber gegen den Heiligen Geist lästern wird, hat keine Vergebung in Ewigkeit, sondern ist ewiger Sünde schuldig.

MARKUS 3,29

Erinnern wir uns daran, dass der Heilige Geist eine Person ist; achten wir darauf, ihn nicht zu misshandeln. Paulus ermahnt uns, ihn nicht auszulöschen. In manchen französischen Übersetzungen heißt es: „Hindert den Geist nicht daran, euch zu erleuchten."

Ein eindrückliches Bild! Wenn man die folgenden Verse liest, kann man verstehen, was Paulus wohl dabei gedacht hat. Es ist, wie wenn er uns sagen wollte: „Löscht den Geist nicht aus, wie man das Licht einer Lampe auslöscht; hindert ihn nicht, wenn euch erleuchten will, insbesondere durch Prophetien."

In den Sprüchen steht:

Wo das Holz zu Ende geht, erlischt das Feuer.

SPRÜCHE 26,20

Gott ist es, der das Feuer anzündet; der Mensch hat die Aufgabe, sich darum zu kümmern und es nicht erlöschen zu lassen.

Das zweite Verb, das eine Art „Misshandlung" des Heiligen Geistes beschreibt, ist *beschimpfen* oder *schmähen*. Die Wurzel des griechischen Verbs bringt folgende Vorstellungen mit sich:

- *frech sein, sich unverschämt und ungezogen benehmen, jemanden beschimpfen*
- *jemanden beleidigen, ihn schmählich behandeln, ihn misshandeln*
- *jemandem schaden durch üble Nachrede*

Es gibt viele anschauliche Bilder dafür, wie wir den Geist Gottes *auf keinen Fall* behandeln sollen!

Schließlich will ich noch den dritten Aspekt ansprechen, die Lästerung des Heiligen Geistes. Dieses Thema ist sehr angstbesetzt, was zu einem guten Teil auf einem falschen Verständnis beruht. Nun, worum geht es dabei wirklich? Der Kontext macht es klar: Die Pharisäer und Schriftgelehrten hatten behauptet, Jesus triebe die Dämonen aus mithilfe des Obersten der Dämonen. Daraufhin macht Jesus seine Aussage über die unvergebbare Lästerung gegen den Heiligen Geist (Matthäus 12,24; Markus 3,22).

Demnach bedeutet *gegen den Heiligen Geist lästern* also, dass man sein Wirken dem Teufel zuschreibt. Seien wir aber vorsichtig mit unserem Urteil über Gläubige, die nicht mit unserer Sicht übereinstimmen. Wo ist die Grenze zwischen Irrtum und Lästerung? Wie auch immer, dem Heiligen Geist einmal nicht gehorcht zu haben ist noch lange keine Lästerung gegen ihn, so hat es Jesus sicher nicht gemeint!

IM GLAUBEN ERGREIFE ICH DEN HEILIGEN GEIST, DEN MAN AUCH SCHLECHT BEHANDELN KANN. ICH WERDE ALSO ACHT HABEN UND IHN EHRFURCHTSVOLL BEHANDELN. ICH WERDE MICH VON IHM ERLEUCHTEN LASSEN. WENN ICH ETWAS NICHT VERSTEHE, DAS MÖGLICHERWEISE ER GETAN HAT, WERDE ICH NICHT VOREILIG DARÜBER URTEILEN.

96. DER HEILIGE GEIST, DER UNS ERGREIFT

Da nahm Samuel das Ölhorn und salbte ihn mitten unter seinen Brüdern. Und der Geist des Herrn ergriff David von diesem Tag an und danach. Samuel machte sich auf und ging nach Rama.

1. SAMUEL 16,13 (LOUIS SEGOND-BIBEL 1910)

Dieser Vers beschreibt uns den Anfang von Davids Abenteuer mit dem Heiligen Geist. Es lohnt sich, diesen Vers in verschiedenen Übersetzungen anzuschauen:

- *Von diesem Tag an hörte der göttliche Geist nicht auf, David* ***zu beleben*** *(La Bible du Rabbinat, Zadoc Kahn).*
- *In diesem Augenblick nahm der Geist des Herrn Besitz von David (Gute Nachricht Bibel).*
- *Und der Geist des HERRN geriet über David von diesem Tag an (Elberfelder).*
- *Von diesem Tag an kam der Geist des Herrn über ihn und verließ ihn nicht mehr (Neues Leben Bibel).*

Offensichtlich haben wir Schwierigkeiten, all diese Facetten mit einem einzigen Wort wiederzugeben. Diese verschiedenen Ausdrücke – beleben, in Besitz nehmen, auf jemanden geraten, über jemanden kommen und ihn nicht mehr verlassen – sind Aspekte des Geschehens, wenn der Geist des Herrn einen Menschen ergreift. All das will der Heilige Geist mit uns tun!

Ein anderer interessanter Gedanke in diesem Vers ist *der genau definierte Beginn: „Von diesem Tag an ..."*

An diesem Tag ging Samuel auf Anweisung Gottes hin, um David zu salben. Diese Salbung war keine sinnlose Zeremonie; von nun an umgab die Kraft Gottes diesen jungen Mann! Sie gab ihm alle Weisheit und allen Mut für seine zukünftige Aufgabe; alle Qualifikationen eines Fürsten wurden ihm gegeben, obwohl er noch auf die Einsetzung warten musste.

David konnte bezeugen: Da gab es einen Tag, an dem alles begann. Auch wir werden das bezeugen können – falls es nicht schon begonnen haben sollte. „Von diesem Tag an" heißt aber auch: Das ist nicht ein einmaliger Höhepunkt, sondern nur der Beginn!

IM GLAUBEN ERGREIFE ICH DEN HEILIGEN GEIST, DER MICH ERGREIFT (ODER ERGRIFFEN HAT) UND DER MICH HEUTE UND JEDEN TAG NEU BELEBT UND ANTREIBT.

97. DER GEIST DES FACHWISSENS FÜR JEDES WERK

Er hat ihn mit dem Geist Gottes erfüllt, mit Kunstfertigkeit, Verstand und Können und für jedes Kunsthandwerk …

2. MOSE 35,31

Er hat ihn mit einem göttlichen Atem erfüllt, mit Fähigkeit, mit Urteilsvermögen, mit Wissen und mit Fähigkeit für alle Künste.

2. MOSE 35,31 (LA BIBLE DU RABBINAT, ZADOC KAHN)

Gott ist treu und vermittelt uns auch allerhand Fachwissen, damit wir seinen Willen ausführen können. Dieser Aspekt des Heiligen Geistes ist nicht dazu da, den Menschen zum Alleskönner zu machen; der Heilige Geist befähigt uns, das zu vollbringen, worum Gott uns bittet. Um Gott in einem bestimmten Bereich dienen zu können, müssen wir also nicht unbedingt Experten sein. Der Herr kann unsere vorhandenen Fähigkeiten heiligen und vervollständigen und uns überdies mit neuen Fähigkeiten ausrüsten. Gott kann alles – und er kann uns alle seine Fähigkeiten verleihen, wenn er es für angebracht hält.

Zadoc Kahn übersetzt: „Fähigkeit für alle Künste." Die schönen, leider allzu oft nicht mehr allzu schönen Künste! Wie sehr brauchen wir den Hauch Gottes in der Welt der Kunst! Kunst ist nicht Zeitverschwendung; durch die Kunst will Gott Menschen berühren und ansprechen; wir brauchen gesalbte Künstler.

Diesem Vers folgen drei weitere, in denen die Auswirkungen des Geistes Gottes auf diese beiden Kunsthandwerker aufgezählt werden – unter anderem die Fähigkeit, zu erfinden und zu entwerfen. Auch Erfindungsreichtum, Gestaltung und gute Ideen sind eine Manifestation des schöpferischen Gottes, der von seiner Kreativität etwas auf uns legt. Wenn Gott diesen Geist ausatmet und wir seinen Odem einatmen, dann wird er in uns zur Inspiration. Wir müssen nicht mehr den alten, ausgetretenen Pfaden folgen. Durch diesen Geist können wir Neues denken, entwerfen und ausführen.

IM GLAUBEN ERGREIFE ICH DEN HEILIGEN GEIST, DER MICH ZU JEDEM WERK BEFÄHIGEN KANN, DER MIR KOMPETENZEN VERLEIHT UND IDEEN GIBT. ICH ERGREIFE AUCH SEINE KREATIVE INSPIRATION.

98. DER HEILIGE GEIST, DER MIT DEM MENSCHEN RECHTET

Da sprach der Herr: Mein Geist soll nicht für immer mit dem Menschen rechten, denn er ist ja Fleisch; so sollen seine Tage 120 Jahre betragen!

1. MOSE 6,3 (SCHLACHTER)

Gott hat uns geschaffen als Geist, Seele und Leib. Er hat in jeden Menschen die Anzahlung seines Geistes gegeben; er hat uns zu seinem Bild geschaffen mit dem Ziel, dass unser Geist die Führung übernehmen sollte. Aber der Mensch sank immer tiefer in die Sünde hinein, und der Herr erkannte: Der Mensch ist nur Fleisch. Also beschloss der Schöpfer, seinen Kampf gegen die zunehmende Brutalität der Menschen nicht weiter fortzuführen.

Durch ihre Rebellion waren die Menschen von Gott getrennt – die Ewigkeit war von ihnen gewichen und nun befanden sie sich in einer Spirale der Grausamkeit. Gott wollte sie bremsen, aber wie? Er sah nur eine Möglichkeit: Ihre Lebenszeit zu begrenzen.

Nun, dieser Satz gilt nicht für jeden einzelnen Menschen; auch nach der Sintflut wird uns von einer ganzen Reihe von Menschen berichtet, die weit über 120 Jahre alt wurden. Arpachschad lebte 438 Jahre, Schelach 433 Jahre, Heber 464 Jahre ... Die Französin Jeanne Calment starb 1997 im Alter von 122 Jahren, 5 Monaten und 14 Tagen;

das ist ein zuverlässig dokumentierter Rekord des 20. Jahrhunderts. Wir können also nicht ernsthaft behaupten, Gott hätte die menschliche Lebenszeit eisern auf hundertzwanzig Jahre limitiert.

Dieser Beschluss gilt vielmehr der vorsintflutlichen Menschheit als Ganzem. Diese 120 Jahre waren eine Gnadenfrist, die der Schöpfer seinen Geschöpfen gewährte – vielleicht würden sie ja doch noch umkehren? Von einer ähnlichen Gnadenfrist lesen wir im Buch Jona; die Bewohner von Ninive bekamen 40 Tage Zeit zur Umkehr und nutzten sie gut. Bis zum Einsetzen der Sintflut rechtete der Heilige Geist mit den Menschen und rang um sie. Die Semeur-Übersetzung gibt das sehr deutlich wieder:

Also sagte der Herr: Mein Geist wird nicht endlos mit den Menschen aufgrund ihrer Fehler kämpfen. Es sind Wesen, die durch ihre Schwächen beherrscht werden. Ich gebe ihnen also 120 Jahre zum Leben.

1. MOSE 6,4 (SEMEUR)

Dann sagt Gott im Vers 7:

Und der HERR sprach: Ich will den Menschen, den ich geschaffen habe, von der Fläche des Erdbodens auslöschen, vom Menschen bis zum Vieh, bis zu den kriechenden Tieren und bis zu den Vögeln des Himmels; denn es reut mich, dass ich sie gemacht habe.

1. MOSE 6,7

Dies sind starke Worte – hier ist die Rede von der Ausrottung von Mensch und Tier, von Reptilien und Vögeln (Fische werden nicht erwähnt; Fische können nicht ertrinken). „Der HERR sprach" – zu wem? Dazu sagt die Bibel nichts. Vielleicht zu Noah, aber das ist nicht wichtig. Wesentlich ist die Beschreibung jener Epoche der Weltgeschichte: Die Menschheit wuchs, ihre Bosheit auch, und sie waren nur auf Böses aus. Später lesen wir noch:

Da sprach Gott zu Noah: Das Ende alles Fleisches ist vor mich gekommen; denn die Erde ist durch sie erfüllt von Gewalttat; und siehe, ich will sie verderben mit der Erde. Mache dir eine Arche ...

1. MOSE 8,13-14

Das Ende alles Fleisches war gekommen; dieses Ende war seit langem beschlossen und vorprogrammiert worden. Denn 782 Jahre zuvor hatte Gott Henoch dazu inspiriert, seinen Sohn Metuschelach zu nennen, was wörtlich heißt: *Wenn er sterben wird, wird es eintreffen*. Tatsächlich starb Metuschelach (der Mensch mit der längsten überlieferten Lebenszeit – er wurde 969 Jahre alt) im Jahr der Sintflut, das kann man aufgrund der biblischen Angaben eindeutig feststellen: Nach der Geburt seines Sohnes Lamech lebte Metuschelach noch 782 Jahre (1. Mose 5,26). Mit 182 Jahren wurde Lamechs Sohn Noah geboren (1. Mose 5,28). Also starb Metuschelach, als Noah 600 Jahre alt war, und tatsächlich, „Noah war 600 Jahre alt, als die Flut kam"(1. Mose 7,6).

Noah gehorchte also und baute eine Arche. Als sie fertig war, sprach Gott wieder über die bevorstehende Sintflut – mit genau denselben Worten, die wir gerade gelesen haben: Alle Lebewesen sollten von der Fläche des Erdbodens ausgelöscht werden. Wir können also mit Gewissheit sagen, dass 1. Mose 6,3 nicht von einer rigiden Begrenzung der menschlichen Lebenszeit spricht, sondern von einer Verzögerung, während der der Heilige Geist mit dem Menschen rang – bis das Gericht in Form der Sintflut schließlich über ihn hereinbrach.

Denn noch sieben Tage, dann lasse ich auf die Erde regnen vierzig Tage und vierzig Nächte lang und lösche von der Fläche des Erdbodens alles Bestehende aus, das ich gemacht habe.

1. MOSE 7,4

Der Geist Gottes ringt mit den unkorrigierbaren Neigungen der gefallenen Menschheit. Dieser Kampf endet schließlich mit der Strafe, dem Gericht Gottes. Wie sieht dieses Ringen des Heiligen Geistes aus? Durch das Gewissen wendet er sich an den Geist des Menschen. Wer darauf eingeht und sich durch den Geist Gottes leiten lässt, schwimmt damit gegen den Strom. Er wird zum Störfaktor wie Noah, der durch seine Entscheidungen und seinen Gehorsam zum Prediger der Gerechtigkeit wurde (2. Petrus 2,5).

IM GLAUBEN ERGREIFE ICH DEN HEILIGEN GEIST GOTTES, DER DURCH MEIN LEBEN, DURCH MEIN VERHALTEN UND DURCH MEINE HEILIGKEIT MIT DER GEFALLENEN MENSCHHEIT RINGT. ICH BITTE GOTT DARUM, DASS MEIN GEIST BESTÄNDIG AUF DIE STIMME SEINES GEISTES ACHTET, DAMIT NICHT MEIN FLEISCH DIE OBERHAND GEWINNT.

99. DER HEILIGE GEIST, DER BILEAMS ESELIN WEISSAGEN LIESS

Da öffnete der HERR den Mund der Eselin, und sie sagte zu Bileam …

4. MOSE 22,28

Gott sprach zu Bileam durch seine Eselin. Lasst uns Ohren haben, um zu hören, was der Heilige Geist uns sagen will. Manchmal spricht er in unser Herz hinein, manchmal durch den Mund anderer Christen, manchmal durch die Bibel. Mitunter wählt er aber auch sehr ungewöhnliche Wege: eine unbekehrte Person gleich welchen Alters (das kann also auch ein kleines Kind sein), das Radio, ein Buch, einen Film, ein Lied, ein Tier, einen Umstand, die Natur … Gott hat viele Möglichkeiten, mehr als genug!

Im Glauben können wir die Stimme des Geistes ergreifen, der immer eine Möglichkeit findet, zu uns zu reden. Lasst uns nur darauf achten, immer in der Übung zu bleiben und seine Stimme zu erkennen – durch welchen Kanal auch immer er zu uns spricht. Elia ging es ähnlich; am Ende erkannte er Gottes Stimme. Er wartete auf das Reden Gottes, und der Herr sagte ihm:

Geh hinaus und stell dich auf den Berg vor den HERRN! Und siehe, der HERR ging vorüber. Da kam ein Wind, groß und stark, der die Berge zerriss und die Felsen zerschmetterte vor dem HERRN her; der HERR aber war nicht in dem Wind. Und nach dem Wind ein Erdbeben; der HERR aber war nicht in dem Erdbeben. Und nach dem Erdbeben ein Feuer, der HERR aber war nicht in dem Feuer. Und nach dem Feuer der Ton eines leisen Wehens. Und es geschah, als Elia das hörte, verhüllte er sein Gesicht mit seinem Mantel, ging hinaus und stellte sich in den Eingang der Höhle. Und siehe, eine Stimme geschah zu ihm: Was tust du hier, Elia?

1. KÖNIGE 19,11-13

Gott redet nicht immer laut, nicht immer erzittert die Erde vor seiner Stimme, nicht immer kommt er als Feuersturm. Er kann auch anders – und es liegt an uns, seine Stimme einzufangen. Wir brauchen geübte Ohren, ein feines Gehör!

IM GLAUBEN ERGREIFE ICH DEN HEILIGEN GEIST, DER ZU MIR REDET AUF GANZ UNTERSCHIEDLICHE WEISEN. ER IST NICHT STUMM. ICH HABE GEÜBTE OHREN UND KANN HÖREN, WAS DER HEILIGE GEIST MIR SAGT.

100. DER HEILIGE GEIST, DER SAUL WEISSAGEN LIESS

Da sandte Saul Boten, um David zu holen. Als sie aber die Schar der Propheten, die weissagten, sahen und Samuel dabeistehen, wie er sie leitete, kam der Geist Gottes über die Boten Sauls, und auch sie weissagten. Und man berichtete es Saul, und er sandte andere Boten, und auch die weissagten. Und Saul sandte zum dritten Mal Boten, und auch sie weissagten. Da ging auch er nach Rama und kam an die große Zisterne, die in Sechu ist. Und er fragte: Wo sind Samuel und David? Man antwortete ihm: Siehe, in Najot in Rama. Und er ging von dort nach Najot in Rama. Und auch über ihn kam der Geist Gottes, und er ging daher und weissagte, bis er in Najot in Rama ankam. Und auch er zog seine Oberkleider aus, und auch er weissagte vor Samuel, und er fiel hin und lag nackt da den ganzen Tag und die ganze Nacht. Daher sagt man: Ist auch Saul unter den Propheten?

Zwei Lehren entnehme ich diesem Text:

- *Es gibt so etwas wie einen geistlichen Virus*: Nur weil sie in der Nähe weissagender Propheten waren, fingen Sauls Leute und sogar er selbst ebenfalls an, zu weissagen.
  Wir wollen uns mit Menschen umgeben, die „ansteckend“ sind – mit einem Aspekt des Geistes Gottes. Im Glauben wollen wir uns ihren „heiligen Virus“ einfangen. David tötete Goliath, aber da waren immer noch Riesen. Wer erledigte sie? Nein, nicht

David, sondern die tapferen Männer, die sich jahrelang bei ihm aufgehalten hatten. Wenn du dich in der Nähe eines Riesen-killers aufhältst, dann wirst du selbst zu einem solchen. Lasst uns demütig sein und von anderen lernen; lasst uns ihr Leben ansehen und daraus Lehren ziehen, lasst uns sie imitieren.

- Saul weissagte, obwohl Gott ihn verworfen hatte. *Wenn Gott sich durch uns manifestiert, bedeutet das noch lange nicht, dass er mit unserem Lebenswandel einverstanden ist.*

Viele werden vor Jesus stehen und ihm sagen:

Herr, Herr! Haben wir nicht durch deinen Namen geweissagt und durch deinen Namen Dämonen ausgetrieben und durch deinen Namen viele Wunderwerke getan?

Und er wird ihnen antworten:
Ich habe euch niemals gekannt. Weicht von mir, ihr Übeltäter!

MATTHÄUS 7,22-23

IM GLAUBEN ERGREIFE ICH DEN HEILIGEN GEIST, DER SAUL WEISSAGEN LIESS. ICH WERDE VON ANDEREN CHRISTEN LERNEN UND SELBST ANDEREN HELFEN, ZU WACHSEN. GOTT BEWAHRE MICH DAVOR, VON IHM GEBRAUCHT ZU WERDEN, OHNE DABEI SEIN WOHLGEFALLEN ZU HABEN!

INDEX
100 FACETTEN DES HEILIGEN GEISTES

WEITERE FACETTEN DES HEILIGEN GEISTES

Du kannst dieses Buch also mit deinen persönlichen Offenbarungen fortsetzen.

101. Der Geist, der uns bindet. Apostelgeschichte 20,22
102. Der Geist Gottes. 1. Korinther 2,14; Philipper 3,3; 1. Johannes 4,2
103. Der ewige Geist. Hebräer 9,14
104. Der Geist, der uns Zeugnis gibt. Johannes 15,26; Römer 8,16; Römer 9,1; 1. Johannes 5,6
105. Der Geist Jesu. Apostelgeschichte 16,7; Philipper 1,19
106. Der Geist unseres Vaters. Matthäus 10,20
107. Der Geist, der vom Himmel gesandt ist. 1. Petrus 1,12
108. Der eine Geist. 1. Korinther 12,11 und 13; Epheser 4,4
109. Der Geist, der lebendig macht. Johannes 6,63; 2. Korinther 3,6
110. Der Geist, der uns warnt. Lukas 2,26; Apostelgeschichte 20,23
111. Der Geist, den Gott mit Eifersucht liebt. Jakobus 4,5
112. Der Geist, der uns hilft, das anvertraute Gut zu bewahren. 2. Timotheus 1,14
113. Der Geist, durch den wir gut Dank sagen. 1. Korinther 14,16-17
114. Der Geist, der uns inspiriert. Matthäus 22,43
115. Der Geist, der von Jesus zeugt. Johannes 15,26
116. Der Geist, der uns Zugang zum Vater gibt. Epheser 2,18

117. Der Geist, der uns gewaschen, geheiligt und gerechtfertigt hat. 1. Korinther 6,11
118. Der Geist, der Herr ist. 2. Korinther 3,18
119. Der Geist, der uns Psalmen, Hymnen und Lieder eingibt. Epheser 5,19
120. Der Geist, der uns beisteht und uns unterstützt. Philipper 1,19
121. Der Geist, unser Beweis, dass wir Christus gehören. Römer 8,9
122. Der Geist, durch den wir Gott dienen. Philipper 3,3
123. Der Geist, der uns zu Anbetern macht. Johannes 4,23-24
124. Der Geist, durch den Gerechtigkeit geschieht. Römer 14,17; Galater 5,5
125. Der Geist, durch den Frieden ist. Römer 14,17
126. Der Geist, durch den Freude ist. Römer 14,17
127. Der Geist als die Kraft, die auf uns kommt. Apostelgeschichte 1,8
128. Der Geist, der die Handlungen des Fleisches tötet. Römer 8,13
129. Der Geist, durch den wir leben. Galater 5,25
130. Der Geist, in dem wir wandeln. Galater 5,16 und 25
131. Der Geist der Gnade. Sacharja 12,10
132. Der Geist des Flehens. Sacharja 12,10

...

Dieses Buch endet hier, aber unser Abenteuer mit dem Heiligen Geist geht weiter – freu dich drauf!

Gottes Segen und bis bald,
Patrick Fontaine

Emerson Ferrell

Realitäten

Der Glaube, aus dem du lebst – die Wirklichkeit in dir
2., komplett überarbeitete Auflage von
Übernatürlicher Glaube – das Bewusstsein Christi

Jesus bezeugte mit seinem Lebensstil die Existenz und Verfügbarkeit einer übernatürlichen Realität, nach der sich viele Menschen sehnen. Er agierte in Zeichen und Wundern, setzte Naturgesetze außer Kraft und handelte aus seiner vertrauten Beziehung mit seinem himmlischen Vater heraus. Der Schlüssel dazu war sein Bewusstsein. Es ist heute möglich, ein Leben in demselben Bewusstsein zu führen. Mach dich auf und lass die Realität seines Reiches zu deiner Wirklichkeit werden.

Ana Méndez Ferrell

Versetzt an himmlische Orte

Leben in einer anderen Dimension
3., komplett überarbeitete Auflage

Dieses Buch will sowohl dein Herz als auch dein Denken reformieren. Es fordert dich heraus, deine irdische und menschliche Denkweise mit ihren Begrenzungen hinter dir zu lassen. Lerne, die Tiefen Gottes zu verstehen und himmlische Dimensionen zu betreten. Gott ist auf der Suche nach Menschen, die ihn von Angesicht zu Angesicht kennen und Einblick in die göttlichen Baupläne erlangen wollen. Es gibt eine Welt, die nur darauf wartet, von dir entdeckt zu werden.

Wortexport – Botschaften an die neue Generation

Der Hirtendienst
6er CD-Set/Live-Mitschnitte

Die neue Ausgabe von Wortexport! Wie stellt Jesus sich eigentlich seine Gemeinde vor? Was, wenn Leiterschaft ganz anders aussieht? Braucht es sie überhaupt noch? Sechs Botschaften – authentisch und praktisch. U.a. „Der Blueprint: Jesus als Vorbild für alle Hirten" (J. Wöhr); „Ältesten-Leiterschaft – wie sie die Bibel darstellt" (J. Argast, J. Wöhr); „Söhne & Väter: Warum es einen neuen Hirtendienst braucht" (M. Wagner, J. Jerominski, J. Wöhr). Die Zeit der Gemeinde ist noch lange nicht vor bei. Sie hat gerade erst begonnen.

Ana Méndez Ferrell
Iss mein Fleisch, trink mein Blut

Das größte Erbe an Kraft und Offenbarung, das Jesus uns hinterlassen hat

Wenn wir das Abendmahl nehmen, ist das für uns heutige Christen häufig nur ein lebloses Ritual. Gott ist dabei, unser Verständnis darüber in eine echte Offenbarung zu verwandeln, die unser geistliches Leben total verändern wird. Wenn wir das Abendmahl wieder so nehmen, wie Jesus es verfügbar gemacht hat, wird sich in unserem Leben die Macht Gottes auf erstaunliche und reale Weise zeigen und uns Türen zu göttlicher Heilung und Gesundheit öffnen.